质量管理小组活动工作实操及案例

职晓云 编著

机 械 工 业 出 版 社

本书围绕质量管理小组的组织、工作程序、统计方法、评审进行阐述，给出了四个质量管理小组成果案例，并进行了点评。通过阅读本书，企业的生产管理者能够了解如何正确组织和开展质量管理小组活动，进而能够科学地分析和解决各种管理问题、技术问题和其他现场问题，掌握创新型质量管理小组的活动方法，开阔思路。

本书适合企业和事业单位的生产管理者、技术人员、QC小组成员和质量管理人员阅读。

图书在版编目（CIP）数据

质量管理小组活动工作实操及案例/职晓云编著. —北京：机械工业出版社，2020.1（2023.10重印）
ISBN 978-7-111-64111-7

Ⅰ. ①质… Ⅱ. ①职… Ⅲ. ①质量管理 Ⅳ. ①F273.2

中国版本图书馆 CIP 数据核字（2019）第 242403 号

机械工业出版社（北京市百万庄大街 22 号　邮政编码 100037）
策划编辑：闫云霞　　　责任编辑：闫云霞　舒　宜
责任校对：梁　倩　　　封面设计：张　静
责任印制：李　昂
河北鹏盛贤印刷有限公司印刷
2023 年 10 月第 1 版第 7 次印刷
184mm×260mm · 12 印张 · 290 千字
标准书号：ISBN 978-7-111-64111-7
定价：39.00 元

电话服务　　　　　　　　　　网络服务
客服电话：010-88361066　　　机　工　官　网：www.cmpbook.com
　　　　　010-88379833　　　机　工　官　博：weibo.com/cmp1952
　　　　　010-68326294　　　金　书　网：www.golden-book.com
封底无防伪标均为盗版　　　机工教育服务网：www.cmpedu.com

前　言

质量管理小组（QC 小组）是通过运用全面质量管理的理论和方法，不断对产品、服务和工作质量进行改进和创新的群众性质量管理活动。我国自 20 世纪 70 年代末开展 QC 小组活动工作以来，已经走过四十多年的历程。QC 小组活动在我国企业创新思维、开发智力、提高质量、降低消耗、增加效益等各个方面都发挥了日益重要的作用。QC 小组活动在当前全社会落实创新发展理念、全面实施创新驱动发展战略的大背景下，为广大一线员工参与"万众创新"搭建起良好的展示和交流平台，受到越来越多的组织的欢迎、支持和参与。

当前，面对世界经济环境复杂多变的形势，提高质量已是一项紧迫、艰巨、长期的任务。因此，树立质量意识，开展 QC 小组活动，不断改进工作流程，是我们创新的基础，更是我国企业发展的关键手段。为了推动 QC 小组活动的顺利开展，编者根据《质量管理小组活动准则》（T/CAQ 10201—2016）和自身的工作经历编写了本书。本书围绕 QC 小组组织、工作程序、统计方法、发布和评审进行描述，结合质量管理小组成果案例点评，给读者提供开展 QC 小组活动的思路，以便读者在开展 QC 小组活动时有一个借鉴、参考的依据。

由于 QC 小组活动是一门实践性强、涉及面广，需要因地制宜创造性发挥的应用科学，加之编者的水平所限，书中可能存在不妥之处，恳盼读者批评指正，以便今后修订时加以改进、充实和完善。

本书在编写过程中参考、引用了相关资料，并得到河南省工程建设协会张维会长的指导帮助，在此一并表示衷心感谢！

编　者

目 录

前 言

第 1 章 质量管理与 QC 小组的概述 ·· 1
  1.1 质量与 QC 小组 ··· 1
  1.2 QC 小组活动基本原则 ··· 3

第 2 章 QC 小组组织方法 ·· 8
  2.1 QC 小组的组建原则 ·· 8
  2.2 QC 小组组建程序与注册登记 ······································· 9
  2.3 QC 小组成员的职责及要求 ·· 11
  2.4 QC 小组活动基本条件 ··· 12
  2.5 企业 QC 小组活动推进 ·· 13

第 3 章 QC 小组活动程序 ·· 16
  3.1 问题解决型课题 QC 小组活动程序 ······························ 17
  3.2 创新型课题 QC 小组活动程序 ··································· 38

第 4 章 统计方法基础知识 ··· 45
  4.1 统计方法及其用途 ·· 45
  4.2 统计方法中的基本概念 ·· 46

第 5 章 质量管理活动中常用的统计方法 ································ 54
  5.1 常用统计方法简介 ·· 54
  5.2 分层法 ··· 55
  5.3 调查表 ··· 57
  5.4 排列图 ··· 60
  5.5 因果图 ··· 62
  5.6 直方图 ··· 64
  5.7 控制图 ··· 70
  5.8 散布图 ··· 78
  5.9 树图 ·· 80
  5.10 关联图 ··· 82
  5.11 亲和图 ··· 85
  5.12 矩阵图 ··· 87

  5.13 矢线图 ………………………………………………………………………… 89
  5.14 PDPC 法 ……………………………………………………………………… 94
  5.15 矩阵数据分析法 …………………………………………………………… 97
  5.16 简易图表 …………………………………………………………………… 98
  5.17 正交试验设计法 ………………………………………………………… 101
  5.18 优选法 …………………………………………………………………… 104
  5.19 水平对比法 ……………………………………………………………… 106
  5.20 头脑风暴法 ……………………………………………………………… 107
  5.21 流程图 …………………………………………………………………… 108

第6章 QC 小组成果整理、发布与评审 …………………………………………… **111**
  6.1 QC 小组活动成果的整理 ………………………………………………… 111
  6.2 QC 小组活动成果的发布 ………………………………………………… 115
  6.3 QC 小组活动成果的评审 ………………………………………………… 118

第7章 QC 小组成果案例及点评 …………………………………………………… **127**
  案例1 提高连体双煤斗对接合格率 ……………………………………… 127
  案例2 研制电缆牵引绳展放回收装置（创新型课题）……………………… 136
  案例3 提高路基工程排水沟施工合格率 …………………………………… 154
  案例4 机场车行便桥施工方案的研究（创新型课题）…………………… 167

参考文献 ………………………………………………………………………………… **183**

第 1 章
质量管理与 QC 小组的概述

1.1 质量与 QC 小组

1. 质量的概念

质量是指劳动成果的固有特性满足使用者使用要求的程度。

国际标准化组织（ISO，International Organization for Standardization）2015 年颁布的 ISO 9000：2015《质量管理体系基础和术语》中对质量的定义是：客体的一组固有特性满足要求的程度。该定义包含以下几方面含义：

1）"特性"：指可区分的特征。可以有各种类的特性，具体如下：

物的特性，如：机械性能。

感官的特性，如：气味、噪声、色彩等。

行为的特性，如：礼貌。

时间的特性，如：准时性、可靠性。

人体工效的特性：如生理的特性或有关人身安全的特性。

功能的特性：如飞机的最高速度。

2）关于"要求"。"要求"是指明示的、通常隐含的或必须履行的需求或期望。

"明示的"可以理解为规定的要求，如在文件中阐明的要求或顾客明确提出的要求。

"通常隐含的"是指组织、顾客和其他相关方的惯例或一般做法，所考虑的需求或期望是不言而喻的，如化妆品对顾客皮肤的保护性等。一般情况下，顾客或相关方的文件，如标准中不会对这类要求给出明确有规定，组织应根据自身产品的用途和特性进行识别，并做出规定。

"必须履行的"是指法律法规要求的或有强制性标准要求的。组织在产品的实现过程中必须执行这类标准。

"要求"要以由不同的相关方提出，不同的相关方对同一产品的要求可能是不相同的。要求可以是多方面的，如需要指出，可以采用修饰词表示，如产品要求、质量管理要求、顾客要求等。

3）质量具有经济性、广义性、时效性、相对性。质量的经济性：由于要求汇集了价值的表现，价廉物美实际上是反映人们的价值取向，物有所值，就是表明质量有经济性的表征。顾客对经济性的考虑是一样的。

质量的广义性：质量不仅指产品质量，也可指过程和体系的质量。

质量的时效性：由于组织的顾客和其他相关方对组织和产品、过程和体系的需求和期望是不断变化的，因此组织应不断地调整对质量的要求。

质量的相对性：组织的顾客和其他相关方可能对同一产品的功能提出不同的需求，也可能对同一产品的同一功能提出不同的需求，需求不同，质量要求也不同，只有满足需求的产品，才会被认为是质量好的产品。

质量的优劣是满足要求程度的一种体现，质量的比较应在同一等级基础上进行。

等级是指对功能用途相同但质量要求不同的产品、过程和体系所做的分类或分级。

从上述描述可知，质量包括产品质量、服务质量和工作质量。

（1）产品质量 产品质量就是产品的固有特性满足使用者使用要求的程度。一般来说，产品质量包括性能、外观、可靠性、寿命、安全性、适应性、经济性等。对于不同的产品，由于用途、使用环境、消费者偏好等的差别，人们会有不同的质量要求。

传统上，人们对有形产品的质量的认识大致有四种：①无瑕疵；②符合某种规范或标准；③对顾客需求的满足程度；④"内部失败"（指产品离开工厂之前或者交运给顾客前的质量达不到公司的要求）与"外部失败"（指产品在市场中的表现或者产品送至顾客后，无法达到客户所要的质量）的发生率。

（2）服务质量 服务质量是一种由顾客主观加以认可的质量，即服务质量水平是由顾客来加以界定的，即特定的产品或服务的质量就是由顾客感知到的质量。同时，服务质量也是满足消费者需要的特性的总和。而由于服务的特殊性质，生产和消费的同时性决定了顾客往往参与到服务的过程之中，扮演一定的角色，并从结果和过程两个角度对服务质量进行评估，这一切都是顾客感知到的。所以，通常来说，服务质量就是在直接与顾客接触的服务过程中顾客的感知服务质量。

（3）工作质量 工作质量是指与质量有关的各项工作对产品质量、服务质量的保证程度。工作质量涉及组织各个层次、各个部门、各个岗位工作的有效性。工作质量取决于组织员工的素质，包括员工的质量意识、责任心、业务水平等。

工作质量与产品或服务质量是两个不同的概念，它们既有区别，又有联系。工作质量是产品质量或服务质量的保证，产品质量或服务质量是工作质量的综合反映。工作质量一般难以定量，通常是通过产品或服务质量的高低、不合格品率和顾客投诉的多少来间接反映和定量的。所以，要想从根本上提高产品质量或服务质量，必须保证和提高工作质量，通过保证和提高工作质量来保证和提高产品质量或服务质量。

2. 质量管理与 QC 小组

（1）质量管理的概念 质量是通过过程实现的，对形成质量的过程活动进行的管理则为质量管理，即通过对过程的管理和控制来提高质量，满足顾客的需求。随着对质量认识的不断发展，人们对质量管理的认识也逐渐发展。

"全面质量管理"提出的综合协调企业各部门活动，构成保证与改善质量的有效体系的概念，表明了群众性质量管理活动的重要性。

(2) QC 小组的概念　群众性质量管理活动,是指组织的广大员工自觉地围绕其本职工作、生产过程开展的旨在控制、提高和改进工作质量、产品质量的各种质量管理活动。是广大员工"知情权、话语权、参与权"的载体,是民主管理的主要实现形式。群众性质量管理活动就是"QC 小组"活动。

《质量管理小组活动准则》(T/CAQ 10201—2016) 指出开展 QC 小组活动是提高员工素质、激发员工积极性和创造性,改进质量、降低消耗、提升组织绩效的有效途径,是各岗位员工自主参与质量管理、质量改进和创新的有效形式。

1.2　QC 小组活动基本原则

质量管理小组活动基本原则示意图如图 1-1 所示。

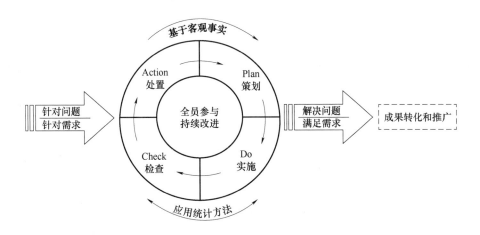

图 1-1　质量管理小组活动基本原则示意图

质量管理小组活动遵循以下基本原则:

1. 全员参与

QC 小组是由生产、服务及管理等工作岗位的员工自愿结合,围绕组织的经营战略、方针目标和现场存在的问题,以改进质量、降低消耗、改善环境、提高人的素质和经济效益为目的,运用质量管理理论和方法开展活动的团队。

QC 小组内的全体员工自愿组成、积极参与群众性质量管理活动,小组活动过程中应充分调动、发挥每一个成员的积极性和作用。

这是 QC 小组的组建和开展活动的原则。

2. 持续改进

为提高员工队伍素质,提升组织管理水平,质量管理小组应开展长期有效、持续不断的质量改进和创新活动。

质量改进和创新活动的目的如下:

1）提高产品和服务的质量。

2）促进新产品开发，改进产品性能，提高产品的适应性，从而提高组织产品的市场竞争力。

3）改进产品、服务设计和流程（工艺），更加合理、有效地使用资金和技术力量，充分挖掘组织的潜力。

4）提高过程能力，减少不合格、故障，不断降低成本。

5）改善组织文化，消除沟通壁垒，充分发挥各部门的职能，增进员工团队协作精神，提高工作质量，为产品质量提供强有力的保证。

6）提升员工素质和解决问题的技能，促进员工的职业发展。

QC 小组要开展长期有效、持续不断的质量改进和创新活动，首先应该提高员工队伍素质，提升组织管理水平。

3. PDCA 循环

为有序、有效、持续地开展活动并实现目标，质量管理小组活动遵循计划（Plan，P）、实施（Do，D）、检查（Check，C）、处置（Action，A）程序开展适宜的活动，简称 PDCA 循环。

PDCA 循环是保证一项活动有效进行的工作程序，是质量改进和解决问题的思路和方法。

PDCA 循环示意图如图 1-2 所示。

（1）PDCA 循环的模式 遵循 PDCA 循环，QC 小组活动的步骤如图 1-3 所示。

PDCA 循环的一般模式为 4 个阶段，10 个步骤。

P、D、C、A 4 个阶段分别代表的意义如下：

1）P（Plan）计划。计划包括方针和目标的确定以及活动计划的制订。

2）D（Do）实施。实施就是组织实施、具体运作，实现计划中的内容。

3）C（Check）检查。检查就是检查执行计划或实施的结果，明确效果，找出问题。

图 1-2 PDCA 循环示意图

4）A（Action）处置。处置是指对总结检查的结果进行处理，成功的经验加以肯定；制订巩固措施，防止问题再发生；提出遗留问题及下一步打算。

10 个步骤的具体内容如下：

1）P 阶段通常包含 6 个步骤：

① 选择课题。QC 小组活动课题选择，一般应符合企业方针目标和中心工作要求。根据现场存在的薄弱环节和用户的需要。从广义的质量概念出发，QC 选题范围涉及企业各个方面工作，具体包括如下内容：提高质量、降低成本、设备管理、提高出勤率、工时利用率、劳动生产率、加强定额管理、开发新品、开设新的服务项目、安全生产、治理"三废"、改善环境、提高顾客（用户）满意率、加强企业内部管理、加强思想政治工作、提高职工素

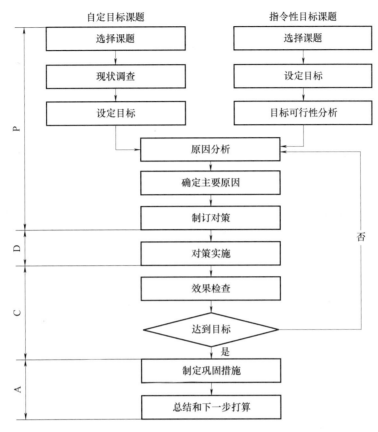

图 1-3　问题解决型课题活动的步骤

质等。

② 设定活动目标。课题选定以后，应确定合理的目标。目标的确定要注意以下两点：注重目标的定量化，使小组成员有一个明确的努力方向，便于检查，活动成果便于评价；注重实现目标的可能性，既要防止目标定得太低，小组活动缺乏意义，又要防止目标定得太高，久攻不克，使小组成员失去信心。

③ 现状调查。为了解课题的状况，必须认真做好现状调查，找出要解决的主要问题。在进行现状调查时，应根据实际情况，应用不同的 QC 工具（如调查表、排列图、折线图、柱状图、直方图、管理图、饼分图等），进行数据的搜集整理。

④ 分析产生问题的原因。对调查后掌握到的现状，要发动全体组员动脑筋、想办法，依靠掌握的数据，通过开"诸葛亮"会，集思广益，选用适当的 QC 工具（如因果图、关联图、系统图、相关图、排列图等）进行分析，找出问题的原因。

⑤ 确定主要原因。经过原因分析以后，根据关键、少数和次要多数的顺序，将多种原因进行排列，从中找出主要原因。在寻找主要原因时，可根据实际需要采用排列图、关联图、相关图、矩阵分析、分层法等不同分析方法。

⑥ 制订对策。主要原因确定后，制订相应的措施计划，明确各项问题的具体措施，要达到的目标，谁来做，何时完成以及检查人。

2）D 阶段包含一个步骤：⑦即按照制订的对策实施。按措施计划分工实施。小组长要组织成员，定期或不定期地研究实施情况，随时了解课题进展情况。若发现新问题，要及时研究、调查，采取措施，以达到活动目标。

3）C阶段包含一个步骤：⑧检查所取得的效果。措施实施后，应进行效果检查。效果检查是把措施实施前后的情况进行对比，看其实施后的效果是否达到了预定的目标。如果达到了预定的目标，小组就可以进入下一步工作；如果没有达到预定目标，就应对计划的执行情况及其可行性进行分析，找出原因，在第二次循环中加以改进。

4）A阶段包含两个步骤：

⑨制订巩固措施，防止问题再发生。达到了预定的目标值，说明该课题已经完成。但为了保证成果得到巩固，小组必须将一些行之有效的措施或方法纳入工作标准、工艺规程或管理标准，经有关部门审定后纳入企业有关标准或文件。如果课题的内容只涉及本班组，则可以通过班组守则、岗位责任制等形式加以巩固。

⑩提出遗留问题及下一步打算。小组通过活动取得了一定的成果，也就是经过了一个PDCA循环。这时候，应对遗留问题进行分析，并将其作为下一次活动的课题，进入新的PDCA循环。

QC小组在完成一个PDCA循环后，应该总结成果资料。小组对活动的成果进行总结，是自我提高的重要环节，也是成果发表的必要准备，还是总结经验、找出问题、进行下一个循环的开始。

以上步骤是QC小组活动的全过程，体现了一个完整的PDCA循环。由于QC小组每次取得成果后，能够将遗留问题作为小组下一个循环的课题（如没有遗留问题，则提出新的打算），以此使QC小组活动持久、深入地开展，推动PDCA循环不断前进。

（2）PDCA循环的特点

1）循环前进，阶梯上升。按PDCA顺序每循环一次，产品、服务、工作质量就提高一步，达到一个新的水平。在新的水平上再进行PDCA循环，就可达到另一个更高的水平。PDCA循环前进、阶梯上升示意图如图1-4所示。

2）大环套小环。在不同阶段、不同层次中存在各自的PDCA循环，大环带动小环，小环保证大环（图1-5）。

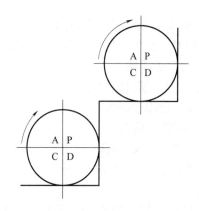

图1-4　PDCA循环前进、阶梯上升示意图

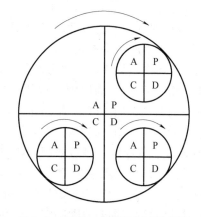

图1-5　PDCA大环套小环示意图

PDCA循环作为质量管理的一种科学方法，适用于各个方面的工作。从企业角度讲，整

个企业管理是一个大的 PDCA 循环，各个部门也可以有自己小的 PDCA 循环，依次还可以有更小的 PDCA 循环。

4. 基于客观事实

QC 小组活动中的每个步骤应基于数据、信息等客观事实进行调查、分析、评价与决策。

选择课题的目的、制定目标的依据、现状调查对象的选择、确定主要原因的理由、是否达到预期效果的评价和改进的决策等，都要有客观的证据来说明。为此，活动过程中要以事实为依据，用数据说话。

5. 应用统计方法

质量管理小组活动中应正确、恰当地应用统计方法，对收集的数据和信息进行整理、分析、验证，并得出结论。

为了取得证据，经常需要收集大量数据，其中有的是有效数据，有的则是无效数据。要对数据进行整理分析，就需要运用统计方法；当要判断总体质量，而不能做到全体检测时，要随机抽取一定数量的样本，从样本的质量状况判断总体的质量水平，这也需要应用统计方法；当要优选一些参数进行试验验证时，要做到试验次数最少，而得到参数的最佳搭配，也需要运用统计方法。

第 2 章
QC 小组组织方法

2.1 QC 小组的组建原则

QC 小组是开展 QC 小组活动的基本组织单位。QC 小组的工作质量直接影响 QC 小组活动的效果。组建 QC 小组一般应遵循"自愿参加，上下结合"与"实事求是，灵活多样"的原则。

1. 自愿参加，上下结合

"自愿参加"，是指在组建 QC 小组时，小组成员对 QC 小组活动的宗旨有了比较深刻的理解和共识，并产生了自觉参与质量管理，自愿结合在一起，自主地开展活动的要求。这样组建起来的 QC 小组不是靠行政命令，小组成员就不会有"被迫完成任务"的感觉，因此在以后开展活动时能更好地发挥主人翁精神，充分发挥自己的积极性、主动性、创造性，不向企业要特殊要求，而是自己挤时间、创造条件自主地开展活动。小组成员在小组活动中，通过自己学习，相互启发，共同研究，协力解决共同关心的问题，实现自我控制、自我提高的目标。

强调自愿参加，并不意味着 QC 小组只能自发地产生，更不是说企业的管理者就可以放弃指导与领导的职责。这里讲的"上下结合"，就是要把来自上层管理者的组织、引导、启发和员工的自觉自愿相结合，组建成具有本企业质量文化特色的 QC 小组，使 QC 小组保持旺盛的生命力。

2. 实事求是，灵活多样

组建 QC 小组，是为了给广大员工参与企业管理和不断改进提供一种组织形式。QC 小组围绕企业的经营战略、方针目标和身边存在的各种问题，形式多样、自主地开展活动，从而有效地推动企业目标的实现和自身素质的提高。由于各个企业的情况不同，在组建 QC 小组时一定要从企业实际情况出发，以解决企业实际问题为出发点，实事求是地筹划 QC 小组的组建工作。在员工对 QC 小组活动的认识还不清楚、积极性还不高的时候，不要急于追求"普及率"，一哄而起地组建 QC 小组，而要先启发少数人的自觉自愿，组建少量的 QC 小组，指导他们卓有成效地开展活动并取得成果，起到典型引路的示范作用，让员工从身边的实例中增加对 QC 小组活动宗旨的感性认识，加深理解，逐步诱发其参与 QC 小组活动的愿望，使企业中 QC 小组像滚雪球一样地扩展开来。

各个企业的特点不同，甚至一个企业内部各个部门的特点也不同，因此在组建 QC 小组时，形式可以灵活多样。不要搞一个模式、一刀切。相同的班组可以开展长久的 QC 小组活动；工作场所相同的可以共同建立愉快的工作现场环境，如一些工业企业、建筑施工企业组织的三结合技术攻关的 QC 小组，商业、服务业广泛组织的以改善服务质量为主的 QC 小组，企业、事业单位中组织的以改进管理为主的 QC 小组等，模式多样，不拘一格，不但方便活动，而且易出成果。

2.2 QC 小组组建程序与注册登记

1. QC 小组组建程序

由于各个企业的情况、欲组建的 QC 小组以及欲选择的活动课题特点不同，组建 QC 小组的程序也不尽相同，大致可以分为三种情况。

（1）自下而上 由同一班组的几个人（或一个人）中，根据想要选择的课题内容，推举一位组长（或邀请几位同事），共同商定是否组成一个 QC 小组，给小组取名字，确认小组长人选，选择活动课题。基本取得共识后，由经确认的 QC 小组组长向所在单位申请注册登记，经主管部门审查认为具备建组条件后，即可发给小组注册登记表和课题注册登记表。组长按要求填好注册登记表，并交主管部门注册登记，该 QC 小组组建工作便告完成。这样组建的 QC 小组，成员的活动积极性、主动性很高，企业主管部门应给予支持和指导，包括对小组骨干成员的必要培训，以使 QC 小组活动能够持续有效地开展。

（2）自上而下 由企业主管 QC 小组活动的部门与车间（或部门）领导协商组建小组，并提出组长人选，物色组员，确定选题，经审核登记注册成立。这类小组其活动课题往往是企业或部门急需解决的、有较大难度、涉及面较广泛的技术、设备、工艺问题，而且其中很多课题都是由上级制订的综合性管理课题，需要企业或部门为小组活动提供一定的技术、资金等支持。这样组建的 QC 小组，紧密结合企业的方针目标，抓住并解决身边存在的问题，同时给企业带来了直接的经济效益。又由于有领导和技术人员的参与，活动可以得到人力、物力、财力和时间的保障，有利于取得成效。

（3）上下结合 这种组建方式介于以上两者之间。通常由上级推荐课题范围，对课题感兴趣的员工自愿组合开展活动。经讨论认可，上下协商来组建。小组组长由成员推选或上级指定后小组讨论确定。这样组建的 QC 小组大家兴趣相同，主动性高，课题虽然由上级推荐，但也得到小组成员的主动认可，活动的积极性就高。通过小组的活动也解决了上级领导的难题。

2. QC 小组的成员构成与人数

QC 小组由组长和组员构成。每个小组人数应根据所选课题的范围、难度等因素确定，不必强求一致。每个小组人数一般宜少不宜多，以 3~10 人为宜。

当课题变化或小组成员岗位变动时，小组人数可做相应调整，以便小组自主、顺利地开展现场改进活动,充分发挥各自的作用。

3. QC 小组的名称

QC 小组组建后,小组成员应给自己的小组明确称谓,使小组拥有一个用以识别本小组团队的专门称呼。小组取名可以本着简明易记、亲切贴近、具有象征意义和鼓舞士气,使小组成员感到亲切、自豪等原则,如"探索者""火车头"。

4. QC 小组的注册登记

QC 小组组建后,应经过 QC 活动主管部门(企业级,或车间级的)注册登记后再开展活动。经过注册登记,QC 小组被纳入企业年度管理计划之中,既便于主管部门了解掌握活动情况,也便于 QC 小组活动得到各级领导和有关部门的支持和服务,并可参加各级优秀 QC 小组的评选。经过注册登记小组的成员会产生参与感和责任感,参加活动将成为一种更加神圣的责任,减少随意性。

小组注册登记时,应按要求填写 QC 小组注册登记表,写明小组名称、组长、组员、所属单位、成立日期、活动课题、课题类型等。QC 小组的注册登记应每年进行一次。如果在年度注册登记时,小组上一年度的活动课题没有结束,或本年度将开展新课题活动,都应一一注明,以便主管部门掌握小组活动的状态并督促小组坚持开展活动。一般情况下,对持续半年以上未开展活动的小组可以予以注销。表 2-1 为某企业的 QC 小组注册课题登记表。

表 2-1 xx 公司 QC 小组注册课题登记表

单位名称				成立日期	
小组名称				小组注册号	
成　员	姓　名	职务/职称	岗　位	学　历	备注
组　长					
副组长					
组　员					
课题名称			课题类型		
指导者			本单位□ 外单位□ 国家级□ 省市、行业级□		

上年度课题:

车间或科室负责人		质量管理部门	

2.3　QC 小组成员的职责及要求

1. QC 小组组长的职责

QC 小组组长是 QC 小组的组织领导者，是 QC 小组的核心人物，其基本职责是组织领导 QC 小组有效地开展活动。QC 小组组长的组织领导作用，不是靠行政命令，而是靠自己对 QC 小组活动的高度热情、积极奉献、言传身教以及模范带头的行动，团结、激励全体组员与自己一道主动有效地开展 QC 小组活动。

QC 小组组长的具体职责可概括为以下 3 个方面：

（1）抓好 QC 小组的质量教育　"全面质量管理始于教育，终于教育"，开展 QC 小组活动，也应自始至终抓好教育不放松。通过教育增强全体组员的质量意识、问题意识、改进意识和参与意识，加深小组成员对 QC 小组活动宗旨的理解。这样才能激发组员参加 QC 小组活动的积极性和主动性，才能使全体组员统一认识、统一意志，为小组活动打下坚实的思想基础；通过教育使小组成员对开展 QC 小组活动的科学程序和有效方法正确理解，并能够结合活动实际灵活运用，这是使小组活动能够按计划取得预期成果的重要保证。当然，这种质量教育不可能是一次奏效、一劳永逸的，而是要通过多种形式：包括听课、成果交流、活动实践中学习等，不间断地进行，以使教育成果不断巩固，教育内容不断深化，从而不断提高小组活动的水平和有效性，同时也使小组成员的素质和能力不断提升。

（2）制订小组活动计划，按计划组织好小组活动　QC 小组组长应与组员一起认真分析并确定活动课题以及活动欲达到的目标，讨论制订本 QC 小组活动的计划，运用全面质量管理的理论和方法，按照 PDCA 循环的工作程序，结合专业技术开展活动。QC 小组组长还应在活动中注意检查活动计划的实施情况，发现偏差及时与组员一起研究、补充纠正措施，必要时修订原计划，以保证预定目标的实现。

组长要注意使活动内容与形式多样化，既要有共同的学习研讨活动，又要有分头的改进、改善活动，还可以把一些文体娱乐与交往活动穿插其间，为组员创造一个宽松愉快的工作环境。这正如日本质量管理专家石川馨先生曾指出的，QC 小组成员通过共同的活动、共同的目标，分工合作，增强相互的连带感、团结力，改善人与人之间的关系，创造一个团结和睦的工作环境，提高工作的愿望和积极性。

（3）做好 QC 小组的日常管理工作　QC 小组组长在小组组建时负责向主管部门办理注册登记手续；小组组建后，应按照企业制订的 QC 小组管理制度，组织全体组员按活动计划进行人员分工，开展 QC 小组活动，做好活动记录、出勤考核，保存好活动原始记录，组织整理、发表活动成果，并注意组织活动总结与诊断，以不断改进小组活动方式，提高活动的有效性。

2. 对 QC 小组组长的要求

QC 小组组长在 QC 小组中的地位与职责，决定了要做好一个 QC 小组长应该满足以下要求。

（1）推行全面质量管理的热心人　QC 小组组长不仅应是热爱企业、热爱本职工作、事业心强的企业骨干，而且对开展QC小组活动要有很高的热情。这样，在带领QC小组开展活动时，才能任劳任怨，不怕困难，积极工作。

（2）业务知识较丰富　QC小组组长无论是技术水平、操作技能、专业知识，还是质量管理知识，都应具备较高水平。在QC小组活动中，小组组长不但是组织者，还能当"小先生"，带动组员不断提高技术业务素质。

（3）具有一定的组织能力　QC小组组长要能够调动组员的积极性和创造性，善于集思广益，团结全体组员一同工作，使QC小组不仅能够解决企业的质量、能耗、成本等问题，还能在改进管理、改善人际关系和加强班组建设等方面做出贡献。

虽然对QC小组组长的要求比较高，但这正是发现、培养和锻炼人才的极好机会。QC小组组长要在QC小组活动实践中勇于进取，乐于奉献，不断总结经验教训，改进工作，提高素质，不仅能够成为一个优秀的QC小组组长，而且也能成为企业管理者的后备军。有的企业甚至规定，在选拔班组长、工段长时，优先从QC小组组长中挑选。

3. QC小组组员的要求

一般来说，对QC小组组员有以下几点要求：

1）应根据QC小组活动计划的安排按时参加活动，在活动中积极发挥自己的聪明才智和特长，充分发挥QC小组的群体作用。

2）按时完成小组分配的任务。只有每个组员都能按小组分工按时完成自己的任务，本QC小组要解决的课题才能如期实现。

3）QC小组组员应成为企业不断改进的积极分子。要不断动脑筋发现自己周围存在的可以改进的问题，为企业提出各种合理化建议，使QC小组能够发现更多的活动课题。

为了提高小组活动的水平和有效性，QC小组还可以聘请各级诊断师、专家作为QC小组的指导或顾问，给QC小组活动以有益的指导和帮助，为QC小组活动取得预期效果起到积极的促进作用。当然，不少企业的QC小组活动凝聚了本企业QC小组活动推进者（包括主管部门领导、专家、QC专职管理者等）的心血，小组应把他们视为小组中的一员。

2.4　QC小组活动基本条件

QC小组活动是企业全员参与质量改进的有效形式，也是员工的自觉行为。因此，要开展好QC小组活动，不但需要全社会重视质量的良好外部环境，还需要创造较好的内部环境。QC小组活动应具备以下几个基本条件。

1. 领导重视

QC小组活动是各类组织持续开展质量改进、提高全员质量意识和鼓励员工参与的最易于推广的形式，也是增强企业竞争力的有效途径。QC小组最主要的活动就是质量改进，在质量改进中必然会涉及时间、场所、资金等问题，因此各级领导要给予小组活动以高度重视，热情支持，积极引导，不但在思想上重视，更要在行动上支持，把它作为组织取得成功的关键要素来抓。比如，把QC小组活动纳入质量工作计划；制订并坚持鼓励开展QC小组活动的政策（如在员工绩效考核、晋级时给予加分等）；设专职或兼职人员负责管理QC小组活动；在组织内部推动小组成果转化；在有关质量工作的会议上积极宣传 QC 小组活动的意义；参加 QC 小组活动成果发表会，亲自为优秀 QC 小组颁奖，鼓励开展 QC 小组活动等，在内部形成一把手关心质量、关注 QC 小组活动的良好氛围。

2. 员工认识

只有当广大员工对开展 QC 小组活动的意义有认识，有参加 QC 小组活动的愿望和要求时，QC 小组活动才能成为广大员工自觉、主动的行为。要通过认真开展重视质量观念传播和质量知识的普及教育，把宣传、教育、培养人才的工作牢牢抓住，提高广大员工的质量意识、问题意识、改进意识和参与意识，使员工认识到 QC 小组活动是促进个人成长、团队成长和组织成长的有效方式，提高员工的参与程度，才能使 QC 小组活动建立在较广泛的群众基础之上，确保 QC 小组活动长盛不衰。

3. 培养骨干

要十分重视培养 QC 小组活动骨干的工作。企业主管 QC 小组的部门要善于在质量管理工作中及时发现一些质量意识较强、热心于不断改进质量的积极分子，有意识地对他们进行培养教育，使他们既掌握质量管理理论，又会运用 QC 小组有关知识和方法，还知道应该如何组织好 QC 小组活动；培养出一大批既掌握 QC 小组活动的程序方法、成果总结的方法技巧，又懂得如何指导、推进和管理 QC 小组活动的骨干，使他们成为开展 QC 小组活动的骨干，以推动企业 QC 小组活动的开展。

4. 建立制度

建立健全 QC 小组活动的规章制度是各类组织持续、健康地开展 QC 小组活动的根本保障。应把 QC 小组活动作为组织管理的一个要素，结合本组织的特点，对 QC 小组的组建、注册登记、活动、管理、培训、成果发表、评选和奖励等工作制订出相应的规章制度，以正确指导 QC 小组活动。良好的管理可以使 QC 小组活动更加规范，并通过典范借鉴、经验分享，激发员工自豪感和"比学赶超"的激情。好的激励机制能更好地调动员工参与 QC 小组活动的积极性和热情，从而推动 QC 小组活动理性成熟地开展。

2.5 企业 QC 小组活动推进

QC 小组活动是企业的自主行为，是群众性质量改进活动。推进 QC 小组活动健康持久地发展，有效地推进工作至关重要，这也是企业领导与有关管理部门的职责。为了更好地推进 QC 小组活动的开展，企业中必须有一个架构稳定、职能明确的组织体系。在推进 QC 小组活动工作中要注意从几个方面入手：抓好质量教育、创造活动环境、制订推进计划、健全管理办法、指导活动方法、交流活动收获、分享成功经验、激励活动成效。采取灵活的推进形式和方法，实现 QC 小组活动的普及、深化和活动水平的提高。根据国内外的实践经验，有效地推进企业 QC 小组活动健康持久地发展，主要应抓好以下 5 个方面的工作：

1. 抓好质量教育

QC 小组活动涉及面广，参加人数多，但能否取得成功关键在于人的积极性、创造性能否发挥出来。质量教育可以使 QC 小组成员增强质量意识、问题意识、改进意识和参与意识，更加自觉地参加 QC 小组活动。对 QC 小组组长和小组成员进行质量教育应结合实际，反复强调并详细说明 QC 小组活动的目的、理念以及开展 QC 小组活动的科学思路和方法；应从正反两个方面讲明活动中（包括方法运用中）应注意的一些问题。通过教育使 QC 小组活动深入人心，推动更多的人参加到 QC 小组活动中来，并有效地开展活动。教育的方式灵活多样，既可以请专家讲课，进行案例分析；也可以让小组长或小组成员走出去，参加 QC 小组活动成果发表会，听取其他小组的成功经验；还可以边活动边请有经验的专家给予具体指导。总之，要自始至终抓质量教育不放松，教育内容一定要有较强的针对性、实效性。

2. 健全管理办法

制度建设是 QC 小组活动的保障。企业应根据自己的实际情况，参照国家经贸委等五家单位联合下发的《关于推进企业质量管理小组活动意见》文件，制订并逐步完善企业 QC 小组活动管理办法。对小组和课题注册登记、活动记录、成果报告与发表、成果评价与奖励以及小组活动的基本程序等各个管理环节提出明确要求，制订具体可行的做法，以推动企业 QC 小组活动逐步规范化、科学化与经常化。

3. 给予具体指导

首先，管理者应对各个小组的课题给予关注，看看课题是否符合 QC 小组的实际情况，是不是小组力所能及，必要时可提出调整课题或成员的建议，但不要强加于小组，要尊重小组的意见。其次，在小组开展活动时，管理者要积极参与，当好参谋。小组长或成员找管理者商量问题时，管理者应积极参与，帮助出主意。管理者也应主动询问小组活动状况。如果活动出现问题或遇到困难，应帮助小组分析原因，进行必要的协调，使活动能继续进行下去。再次，在 QC 小组活动取得成果时，管理者应及时听取小组发表成果，并给予具体的评价和鼓励。必要时，可对其整理的成果报告给予一定的指导。总之，管理者应对 QC 小组活动自始至终予以足够的关心和必要的帮助，不要片面地认为 QC 小组是自主活动而放任自流。

另外，为使企业的 QC 小组活动有计划地推进，企业有关管理部门，应在对上一年度 QC 小组活动情况进行总结和分析的基础上，结合企业本年度的经营目标及现状，主动制订本年度的推动方针和计划，以明确本年度 QC 小组活动推进的力度、重点和步骤，QC 小组数量的发展，QC 小组成员的质量教育，QC 小组活动的指导，企业内 QC 小组成果发表与经验交流以及外出参加学习、交流等计划安排，循序渐进地推进企业 QC 小组活动更广泛深入、健康持久地发展。

4. 创造活动环境

交流是 QC 小组活动推进工作的重要环节。企业应积极组织取得成果的 QC 小组参加成果交流活动（如 QC 成果发表会）。通过成果交流活动，加强各行业及地区 QC 小组之间的相互交流，共同提高。

企业在深入推进 QC 小组活动过程中，可以采用阶段分享、现场展示、答疑解惑等灵活多样的交流方式，通过典范借鉴、经验分享，给小组成员互相学习、展示自我价值搭建一个良好的平台。

5. 健全激励机制

激励是一种有效的手段，是对小组成员付出辛勤劳动与取得成绩的肯定，更是满足人自尊的需要。激励可以是物质的奖励、精神的激励等各种形式，以此激发小组成员参加活动的热情和积极性，使 QC 小组活动能够长盛不衰。

综上所述，要推进企业的 QC 小组活动自主、活跃地开展，并坚持下去，不断提高活动水平和活动成效，企业领导与管理者既要有高度热情，又要讲究科学的方法。对于 QC 小组活动要多宣传，多关心，多指导，多鼓励，而不要求全责备，要千方百计保护群众开展活动的积极性，激发群众的创造性和主动性。

第 3 章

QC 小组活动程序

QC 小组活动的目的是运用质量管理知识，开展质量改进活动，解决生产、服务或管理现场存在的问题。

根据 QC 小组针对生产、服务或管理现场存在的不同问题开展活动的特点，可以将 QC 小组活动的课题划分为两类。

1. 问题解决型课题

问题解决型课题是指 QC 小组针对已经发生不合格或不满意的生产、服务或管理现场存在的问题进行质量改进，所选择的课题。

问题解决型课题包括现场型、服务型、攻关型、管理型 4 种类型。

（1）现场型　现场型课题是以稳定生产工序质量，改进产品、服务、工作质量，降低消耗，改善现场环境等为选题范围的课题。

（2）服务型　服务型课题是以推动服务工作标准化、程序化、科学化，提高服务质量和效益为选题范围的课题。

（3）攻关型　攻关型课题是以解决技术关键问题为选题范围的课题。

（4）管理型　管理型课题是以提高工作质量、解决管理中存在的问题、提高管理水平为选题范围的课题。

2. 创新型课题

创新型课题是指针对现有的技术、工艺、技能和方法等不能满足实际需求，QC 小组运用新的思维研制新产品、服务、项目、方法，所选择的课题。

创新型课题的特点是运用全新的思维和创新的方法研制、开发新的产品、工具或服务，以提高企业产品的市场竞争力，并不断满足顾客日益增长的新需求，提高企业经营绩效。

创新型课题与问题解决型课题存在着本质上的不同。两者的主要差异有以下几个方面：

（1）立意不同　创新型课题立足于研制原来没有的产品、项目、软件、方法及材料等；而问题解决型课题是在原有基础上的改进或提高。因此，如果选题在立意上突破常规、追新求变的，应选择创新型课题；如果提高或降低现有水平，达到规定要求或水平的，则应选择问题解决型课题。

（2）过程不同　创新型课题由于是针对过去没有发生过，或是本小组从来没有做过的事情而开展的活动，没有历史数据参考，也就没有现状可查，而是研究创新的切入点；而研究问题解决型课题则必须对现状数据（信息）进行收集调查、并加以分析。因此，两种课题类型的QC小组在设定目标、原因分析、决策依据等方面都是不同的。

（3）结果不同　创新型课题是从无到有，即由活动前不存在的事件或产品，经过活动后成为提高工作效率或增加经营业绩的增值点。需要指出的是，有些创新型课题QC小组活动的结果可能还不是很完美，但对解决关键技术问题、满足当前或未来工作需要起到一定的促进作用。而问题解决型课题则是在原有基础上的提高或降低，逐步达到更加完美的结果。

（4）方法不同　创新型课题更多以非数据分析工具为主，如头脑风暴法、亲和图、系统图、PDPC法、正交试验法等；而问题解决型课题则是以数据分析工具为主，非数据分析工具为辅，如排列图、控制图、直方图、散布图等。

因此，创新型课题与问题解决型课题QC小组是企业解决不同问题的两种不同活动思维与活动形式，课题本身决定QC小组课题类型。所以，各种类型小组应根据实际情况选择课题和开展活动。

3.1　问题解决型课题QC小组活动程序

问题解决型课题目标根据来源不同分为自定目标和指令性目标。活动程序如图3-1所示。

1. 课题来源

针对存在问题及改进对象，小组应结合实际，选择适宜的课题。课题来源一般有：指令性课题、指导性课题、自选性课题。

1）指令性课题。指令性课题是指由上级主管部门或领导根据组织（或部门）的实际需要，以行政指令的形式向QC小组下达的课题。这种课题通常是组织经营活动中迫切需要解决的重要技术攻关性课题。

2）指导性课题。指导性课题通常是指由质量管理部门根据实现经营战略、方针、目标的需要，推荐并公布的一批可供各QC小组选择的课题，每个小组则根据自身的条件选择力所能及的课题开展活动，这是一种上下结合的方式。

3）自选性课题。自选性课题是指由QC小组根据各单位、各岗位发现的实际问题，自己确定改善的方向和目标开展活动的课题。

前两个方面的课题是组织经营活动中迫切需要解决的问题，既然已经下达给QC小组，就应该发动小组成员共同努力去完成。而大多数的QC小组需要发动群众，集思广益，在生产、服务和工作现场去寻找、选择需要改善的课题。QC小组在自选课题时可以从以下3个方面来考虑。

1）根据企业战略，落实组织方针、目标落实的关键点来选题。从这方面来选题，能更好地得到领导的支持。如上级要求降低消耗，甚至限定本部门的消耗不能超过规定的数值，而本部门在某些方面的消耗超过指标很多，如何实现这个指标是本部门面临的难题，QC小组若能主动选择这方面的课题，解决其中的一些问题，则有助于本部门方针、目标的实现，

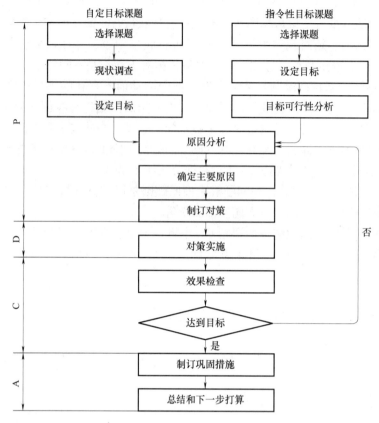

图 3-1 "问题解决型"课题活动程序

小组活动所需要的时间、物资、费用,以及与外部协调方面,一定会得到领导的支持和帮助。

2)针对在质量、效率、成本、安全、环保等方面存在的问题选题。由于生产、施工、服务现场或 QC 小组本身在管理、效率、质量、环境及文明生产等方面均有问题存在,而这些大多是 QC 小组身边或自身的问题,领导也顾不上花更多的精力来解决。如果 QC 小组选择这些问题作为课题,把它解决了,自己享受成果,就能提高成员们参加 QC 小组活动的积极性。

3)针对内、外部顾客的意见和期望进行选题。"顾客是上帝",把顾客不满意的问题选为课题加以解决,就能更好地为顾客服务和保证经营活动的正常进行。这也是全面质量管理"以顾客为中心"核心思想的体现,更加有利于组织市场地位的提升。因此,这一类选题很容易见到成效,并受到各方面的欢迎。

2. 课题选择

(1) 课题的特点 根据课题类型不同,课题的特点如下:

1)现场型课题。这类课题通常以稳定生产工序质量、改进产品质量、降低消耗、改善生产环境为选题范围。课题较小,难度不大,活动周期较短,是 QC 小组成员力所能及的,比较容易出成果,经济效益不一定大。

2）服务型课题。这类课题通常以推动服务工作标准化、程序化、科学化、提高服务质量和效益为选题范围。课题较小，活动时间不长，见效较快。这类课题的成果虽然经济效益不一定大，但社会效益往往比较明显。

3）攻关型课题。这类课题通常以解决技术关键问题为选题范围。课题难度大，活动周期较长，需要投入较多的资源，通常经济效益显著或带来重大的技术更新换代。

4）管理型课题。这类课题通常以提高业务工作质量、解决管理中存在的问题、提高管理水平为选题范围，课题有大有小，如只涉及本部门具体管理业务工作方法改进的课题就小一些，而涉及多个部门协作的课题就大些，课题难度不尽相同，效果也有较大差异。

将QC小组活动课题分为以上类型是为了突出小组活动的广泛性和群众性，便于分类发表交流，有利于调动各方面人员的积极性。例如，现场型和服务型课题，通常以生产和服务一线员工为主体开展活动，攻关型课题通常由领导干部、技术人员和操作人员三者结合进行活动，管理型课题通常由管理人员参与活动。各种课题类型给小组成员开展QC小组活动提供了更多的选择。只有把各部门、各层次的职工都发动起来，围绕顾客、组织和职工所关心的各种问题积极开展各种改进与创新活动，提高自身素质，保证工作质量，才能做到优质生产、优质经营、优质服务。

(2) 选题时注意的问题

1）课题宜小不宜大。所谓小课题，就是将影响产品质量、生产效率或造成消耗、浪费的具体问题选为小组活动的课题，如降低产品包装的成本。

大课题是指内容庞大复杂、涉及面广、目标多，需要许多部门协作才能完成的课题。这类课题一般头绪较多，很难由一个小组把现状和问题分析透彻、准确，如改善某服装商店经营情况。对于这类大课题，可根据项目中的分工不同，分解成几个小课题，如货架摆放乱、缺少试衣间等。

QC小组活动一贯提倡"小、实、活、新"，其中的"小"指的就是要选择小一些的课题。

选择小课题会给QC小组带来以下好处：

① 易于弄清现状，找出问题的症结所在，取得成果，活动周期短，能更好地鼓舞小组成员的士气。

② 课题短小精干，目标单一，针对性强，大部分对策都能由本小组成员来实施，更能发挥本小组成员的创造性。

③ 小课题大部分是在本小组的生产（工作）现场，是自己身边存在的问题，通过自己的努力得到改进，取得的成果也是自己受益，能更好地调动小组成员的积极性。

2）选题理由明确、简洁。QC小组要说清选择某个课题的理由，即说明选择此课题的目的和必要性。在陈述选题理由时，应简明扼要地阐述本小组当前实际情况（存在问题）与上级方针目标要求或本部门要求存在的差距，通过用数据对比，就能清晰明了地看出选择此课题的目的性和必要性。

有时为了强调选择此课题的重要性而长篇大论地陈述背景，缺乏"用数据说话"，无法说明目前与实际的差距，解决该问题的紧迫性没有描述清楚，选题理由不充分。

3）课题名称直接，尽可能表达课题的特性值。课题名称要简洁、明确，直接针对所要解决的问题，一目了然，避免抽象。

课题设定时要抓住三个要素：针对对象、问题（特性）、达到结果。具体来说，就是本次活动要解决的对象，如产品、工序、过程、作业的名称；要解决的问题（特性），如质量、效率、成本、消耗等方面的特性；经过活动后达到怎样的结果，如提高还是降低，增大还是缩小，改善还是清除。课题名称式样如图 3-2 所示。

（3）课题选定　对于指令性课题和指导性课题，QC 小组直接围绕课题开展活动。对于自选性课题，QC 小组通过调查或讨论，收集到多个可供选择的课题，而小组只能一个课题一个课题地解决。要确定本次活动的课题，基本要求就是应得到小组大多数成员的认可。小组大多数成员同意并愿意活动的课题，能更好地调动小组成员的积极性与创造性，

图 3-2　课题名称式样

促进活动过程的顺利进行，这也是 QC 小组具有高度民主性特点的具体体现。常用的选定课题方法如下：

1）通过表决选定。由全体成员用简单的举手表决来选定，或用性质与之相同的按重要程度评分，统计得分最多的来选定。

2）用评议、评价的方法来选定。把收集到可供选择的课题从以下方面进行评议、评价，然后用矩阵图的形式来表示：①是否符合上级方针；②重要性；③迫切性；④经济性；⑤预期效果；⑥与小组全员的关系程度；⑦时间性；⑧推广性。

QC 小组应结合解决问题的实际需要来选择评价。

例 3-1　某小组收集了可供选择的三个课题（表 3-1），通过小组全体成员评价，最后选定"服装尺码不全"作为小组活动的课题。

表 3-1　小组候选课题

评价项目 可选课题	迫切性	重要性	预期效果	可实施性	经济性	评价	选择
服装尺码不全	6	7	6	5	6	30	√
男服式样少	4	5	5	4	3	21	×
面料种类少	5	4	5	5	6	25	×

注：每项满分为 7 分。

3. 现状调查（自定目标课题）

现状调查是问题解决型 QC 小组自定目标课题活动的程序之一。

（1）现状调查的目的性　为了解问题的现状和严重程度，QC 小组通过现状调查达到以下目的：

1）深入现场对现状进行调查，揭示现状的问题，掌握问题达到何种程度。

2）通过分析，找出问题的症结所在或主要问题，以确认小组从何处改进，以及解决问题的程度，从而为设定目标提供依据，为原因分析提供结果。

（2）现状调查的要点

1）为目标设定和分析提供依据。

① 现状分析清楚后，找出了问题的症结所在。仅仅这样，任务还没有完成，必须对问题的症结进行进一步分析，为设定目标提供依据。

② 对于问题症结的分析，应该说明解决了这些主要问题后现状得到改善的程度。也就是说，解决了问题的症结，合格率可以提升的百分比，或者成本能够减低的数值。只有这样，才能为设定目标提供科学的依据。

③ 现状调查为设定目标提供依据分析，必须用数据说话，设定的目标才能够符合客观、合理的要求。

2）对数据和信息进行分类、分层和整理。对取得的客观数据，要从不同角度进行分类，并对分类数据进行分析。例如，从设备分类的数据来看，没有发现异常情况，就可以排除设备产生问题的可能性；而从材料分类的数据看，若发现了异常，就说明材料存在问题。如果从材料看确实存在问题，但问题还不够明朗，则可以在这个基础上到现场做进一步的调查，取得数据后再进行分层分析，判断其原因是不同的供应商供货差异，还是原料更换导致材料差异等，直到找出症结问题为止。

3）数据的科学性。能准确地掌握实际情况、澄清问题、进一步了解现状，这一点非常重要。如果在选题时已收集了一定程度的数据，可在此基础上再收集相关的数据，以便更详细、准确地掌握实际情况。

收集数据要注意 4 点：

① 收集的数据要有客观性。避免只收集对自己有利的数据，或从收集的数据中只挑选对自己有利的数据而忽略其他数据。

② 收集的数据要有可比性。不可比的数据无法真实反映小组改进前后的变化程度，更无法证明采取对策的有效性。

③ 收集数据的时间要有约束。要收集小组活动开始最近时间的数据，才能真实反映现状。因为情况是会随时间的变化而不断变化的，用时间相隔长的数据进行分析，可能会将后面的活动引入歧途，也不利于效果检查时的对比。

④ 收集数据要全面。不仅收集已有记录的数据，更需要亲自到现场去观察、测量、跟踪，掌握第一手资料，以弄清问题的实质。

4）可不做现状调查的情况。根据 QC 小组活动目标确定的方法不同，两种情况下在活动程序中不进行现状调查。

① 指令性目标。因为指令性目标的 QC 小组直接按照上级指令要求设定目标，活动目标明确，因此不需要再通过现状调查来为目标值确定提供依据，而要对目标是否能够实现进行目标可行性分析。

② 创新型课题。创新型课题是 QC 小组以全新的思维，研制原来没有的产品、项目、软件、方法以及材料等。因为 QC 小组从未做过此课题，无现状可以调查，所以创新型课题就没有现状调查这一步骤。

（3）现状调查的步骤

1）从企业的统计报表中进行调查。一般来说，企业都有完整的统计报表系统，如产量的统计表、不合格品的统计表、安全生产的统计表、物资消耗的统计表、设备停机故障的统计表、单位成本的统计表等。我们从这些统计报表中获取所需要的数据资料，以把握问题的现状，是现状调查弄清问题严重程度的途径之一。

2）到生产现场进行实地调查。在某些情况下，企业的统计报表不能真正反映问题的全部情况。例如，某企业生产过程产生不合格品，不合格品统计报表中的不合格品数据，只是不可修复的不合格品数据，把可修复的不合格品去除了，因此该不合格品数据不能真实反映该过程的全面情况。要弄清实际状况，必须到生产现场实地调查，取得数据，才能彻底了解问题的严重程度。

例 3-2 表 3-2 是走廊综合管线一次安装合格率现状调查统计表。

表 3-2　走廊综合管线一次安装合格率现状调查统计表

序号	项目	频数（点）	累计频数（点）	频率（%）	累计频率（%）
1	管线相互交叉碰撞	24	24	48	48
2	管线检修空间过小	18	42	36	84
3	管线布置不顺直	3	45	6	90
4	管线支管标高	3	48	6	96
5	其他因素	2	50	4	100
	合计	50		100	

制表人：××　　　　　　　　　　　　　　　　　日期：××××年××月××日

根据表 3-2 绘制走廊综合管线一次安装合格率质量问题排列图如图 3-3 所示。

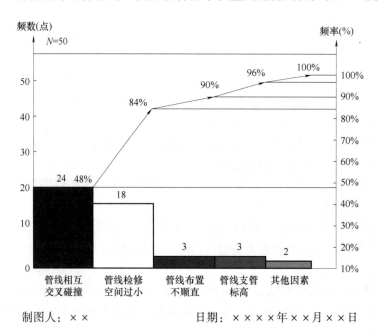

制图人：××　　　　　　　　　　　　　　　　　日期：××××年××月××日

图 3-3　走廊综合管线一次安装合格率质量问题排列图

根据图 3-3 分析，找出影响走廊综合管线一次安装合格率的问题症结，为原因分析提供了依据。

综上所述，现状调查在整个 QC 小组活动程序中是很重要的一步，它的作用是为目标值的确定提供充足的依据，同时可以为解决问题寻求突破口，并为问题解决后检查改进的有效性提供可对比的原始依据。

现状调查常用的方法有：调查表、分层法、简易图表、排列图、直方图、控制图、散布图等。

4. 设定目标

活动目标是指明确完成课题达到的程度，它为 QC 小组活动指明了努力的方向。QC 小组在摸清问题现状后，应确定小组本次课题活动的目标，以明确通过小组活动将解决问题的程度，同时也是为检查活动的效果提供依据。

人们每做一件事情、每解决一个问题，如果要寻求质量和效率，不论解决的问题是大是小，都要有活动目标，目标是人们追求和努力的方向。企业每年都要制订年度方针目标，明确在生产经营上本年度要达到的水平。QC 小组开展质量改进、解决课题活动也是如此。那种不设定目标，"干到哪儿算哪儿"的想法与做法，既不科学严谨，也缺乏自信。因此，为避免活动的盲目性，QC 小组活动目标必须明确。

(1) 目标的分类

1) 自定目标与指令性目标。按活动目标的来源，QC 小组活动目标一般分为自定目标和指令性目标。

自定目标是小组经过现状调查，明确了可改进程度而制定的目标。

指令性目标分为上级以指令形式下达给小组的活动目标和小组直接选定的上级考核指标。值得注意的是，小组如果直接选定上级的考核指标为目标值，应该与考核指标完全一致。

2) 定性目标与定量目标。按活动目标的结果，QC 小组活动目标可分为定性目标和定量目标。

① 定性目标。定性目标是只确定小组活动目标的性质，而没有具体量化的目标，如提高工程勘察质量，提高规范化服务的程度，提高顾客满意程度。

从例子可以看出，设定这样的目标，经过小组活动改进后的结果无法具体衡量，无法明确是否已经达到预定的目标。因此，QC 小组活动不提倡以定性目标作为小组的活动目标。

② 定量目标。定量目标是指设定的目标是量化的、具体的，可以进行比对的。例如，不合格品率从平均 3.4% 降低到 0.5% 以下；单位成本从 65 元降低到 50 元以下；清水墙抹灰优良率从 65% 提高到 90%。

有了定量目标，通过活动或改进后与之比较，可以清晰地了解是否已经达到既定目标。因此，QC 小组设定的目标应是定量目标。

(2) 目标设定依据　QC 小组活动目标的设定要有依据，即小组制定目标水平的理由。要尽可能以事实为依据，用数据说话。可根据课题的具体情况，从以下内容中选取活动目标：①上级下达的考核指标或要求；②顾客需求；③国内同行业先进水平；④小组曾经接近或达到的最好水平；⑤针对问题或问题症结，预计问题解决的程度，测算小组将达到的水平。

QC 小组目标设定应该有依据，这些依据来源于现状调查或目标可行性分析（指令性目标）的过程。如果是自定目标值，要能够从现状调查中清楚地看到目标设定的依据，当目标设定后，不需要再进行目标的可行性分析，否则将与现状调查内容重复；如果是指令性目标，是否能实现目标，要在目标可行性分析中做进一步的说明。

（3）目标设定要求　目标设定应与小组活动课题相一致，并满足如下要求：

1）目标数量不宜多。QC小组选题应选择存在的具体问题作为课题，而目标又是针对问题设定的，因此设定一个目标就可以了。有的课题确定的目标过多，而且把与课题无关的特性值或指标也作为目标，显然不合理。如果有多个性质不同的目标，则应采用多个课题予以解决。

2）目标可测量。QC小组设定的目标，一般应是定量目标，或是可进行效果对比的定性目标。定性目标要尽可能转化为定量目标。不能量化的目标或不能进行效果对比的目标，是无法进行效果检查的，不能作为QC小组活动的目标。

3）目标具有挑战性。QC小组活动目标要高于正常水平，需要小组成员努力攻关才能达到，这样才能更好地调动小组全体成员的积极性和创造性。当经过努力，克服困难，达到所设定的目标时，小组成员才能感受到达到目标后的乐趣，真正体会到自身的价值，这将更好地鼓舞小组成员的士气。许多QC小组常运用水平对比法，把同行业、同专业、同工种所达到的先进水平作为小组的目标，或本小组历史上曾经达到的最高水平作为小组目标，以体现小组的必胜信念。

（4）目标可行性分析（指令性目标课题）　对于指令性目标，应在选题后进行目标可行性分析，目标可行性分析可考虑：①国内同行业先进水平；②小组曾经接近或达到的最好水平；③针对问题或问题症结，预计问题解决的程度，测算小组将达到的水平。

5. 原因分析

通过对问题产生原因的分析，找出影响问题的关键所在。原因分析从程序上讲，只要能够针对现状调查所确定的问题症结，并正确、恰当地应用统计方法，这一步就是正确的。但在分析原因的过程中，小组成员常因考虑问题不全面或缺乏系统性而影响分析结果的正确性和有效性。

QC小组进行原因分析应符合以下要求：

1）针对问题或问题症结进行原因分析。原因分析要针对存在的问题症结（主要问题）进行。若进行现状调查时已经找到了问题症结所在（主要的问题），则进行原因分析时，就必须针对这一问题症结展开，查找问题产生的原因。

2）问题和原因之间的因果关系清晰，逻辑关系紧密。原因分析应针对问题的症结进行，分析过程要逐层递进展开，每一层之间都有因果关系。原因分析展开示意图如图3-4所示。进行原因分析时应要注意问题的因果关系要清晰，逻辑关系要紧密。避免出现分析过程中出现因果关系倒置，或者将没有因果关系的问题串联在一起。

3）要从各个方面、各种角度分析，把影响

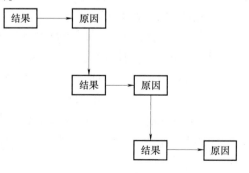

图3-4　原因分析展开示意图

质量的原因都找出来。分析时应按照不同的问题确定不同的原因类别,从"人、机、料、法、环、测"等方面去分析寻找原因,以充分展示产生问题的原因,避免遗漏。

4)将每一条原因分析到末端,以便直接采取对策。分析原因时,要通过反复思考,一层一层分析下去,分析彻底。要分析到可直接采取措施,能有效解决存在的问题为止。

5)正确应用适宜的统计方法。原因分析常用方法有因果图、系统图(树图)和关联图,活动过程中可根据存在问题的情况以及对工具方法的熟悉、掌握程度来选用。原因分析常用方法的主要特点见表3-3。

表3-3 原因分析常用方法的主要特点

方法名称	适用场合	原因之间的关系	展开层次
因果图	针对单一问题进行原因分析	原因之间没有交叉影响	一般不超过四层
系统图	针对单一问题进行原因分析	原因之间没有交叉影响	没有限制
关联图	针对单一问题进行原因分析	原因之间有交叉影响	没有限制
	针对两个以上问题一起进行原因分析	原因之间有交叉影响且相互缠绕	

6. 确定主要原因

通过分析原因,分析出有可能影响问题的原因有很多,其中有的确实是影响问题的主要原因,有的则不是。这一步骤就是要对诸多原因进行鉴别,把确实影响问题的主要原因找出来,将目前状态良好、对存在问题影响不大的原因排除掉,以便为制订对策提供依据,对症下药。否则,针对所有原因都制订对策并加以实施,会造成人力、物力、财力上的浪费,加大了问题难度,延长了解决问题的时间。

(1)确定主要原因的步骤 小组应依据数据和事实,针对末端原因,客观地确定主要原因。步骤如下:

1)收集所有的末端原因。在原因分析时,因果图、树图、关联图中展示的是原因的全貌,其中有末端原因,也有中间原因。中间原因虽然影响着问题,但其本身还受其他原因的影响,末端原因则只影响别的原因而本身不被影响,这是问题的实质。因此,对问题造成影响的真正原因必然在末端原因之中。

2)识别并排除小组能力范围以外的原因。所谓小组能力范围以外的原因,是指小组乃至企业都无法解决的因素。例如,由于城市供电不足造成的"拉闸停电",虽对问题改进产生一定影响,但属于不可抗拒的原因。再如,自然界发生刮风、下雨、气温高或低等事件,都属于不可抗拒的原因。确定要因时,应把它们剔除掉。

3)对每个末端原因进行逐条确认。确认主要原因不能凭主观意志先进行筛选,要用客观事实和数据说话,把真正影响问题症结的主要原因找出来。

确认就是要找出影响该问题原因的证据。找证据要以客观事实为依据,用数据说话。数据表明该原因确实对问题解决和目标实现有重要影响,"承认"它是主要原因;若数据表明该原因的存在对问题影响不大,或者对目标实现没有影响,就"不承认"该原因为主要原因,并予以排除。当个别原因通过一次调查得到的数据尚不能充分判定时,就要再调查、再确认。

（2）确定主要原因的方法

1）现场验证。现场验证是到现场通过试验、调查，取得数据来证明。对方法类的因素或某因素的工艺标准制订不当时，进行确认常常是很有效的。此类确认往往是在其他因素不变的情况下进行对比试验，根据结果有无明显差异来判断是否为要因。当对某一个参数的影响因素进行确认时，就需要到现场做一些试验，变动一下该参数，看得到的结果有无明显的差异，来确定它是不是真正影响问题的主要原因。

2）现场测试、测量。现场测试、测量是到现场通过亲自测试、测量，取得数据，与标准进行比较，看其符合程度。这对机器、材料、环境类因素进行确认常常是很有效的。若机器某一部位的精度差、环境某一项指标高，可以借助仪器、仪表到现场实测取得数据；对材料方面的因素，可到现场抽取一定数量的实物作为样本进行测试，取得数据，与标准比较确认。

3）调查、分析。对于人员方面的因素，往往不能用试验或测量的方法取得数据，可以设计调查表，到现场进行调查、分析，取得数据后确认。

总之，主要原因的确认必须由小组成员亲自深入现场，通过调查、测量、试验取得数据，用客观依据来确定主要原因。

（3）应该注意的问题

1）确认要因时，小组成员必须亲自到现场，进行实地观察、调查、测量、试验，取得数据，为确定主要原因提供依据。只凭印象、感觉、经验来确认依据是不足的。采用举手表决、按重要度评分法等方法均不可取。

2）在确认每条末端原因是否为主要原因时，应根据它对所分析问题的影响程度来确定，而不能仅与现有的工艺标准、操作规程进行比较，也不能根据原因是否容易解决来确定。

3）末端因素要逐条确认，否则就有可能把本来是主要原因的因素漏掉。如果末端原因较多，可制订要因确认计划，按计划分工实施，逐条确认，使确认严密有序。

例 3-3　为了提高某住宅小区业主的满意度，QC 小组成员对查找到的末端因素进行了逐一确认，要因确认计划表见表 3-4。

表 3-4　要因确认计划表

序号	末端原因	确认内容	方　法	确认标准	负责人	确认时间	判断
1	院中心场地未硬化	解决院中心场地硬化问题的影响	调查分析	院中心场地硬化面积达到100%	×××	20××.3.3	是
2	蓄水池缺少防护措施	落实蓄水池的安全使用状况	现场查看	水池周围有无渗漏现象	×××	20××.3.5	否
3	部分住户的意识落后	占用公共场地的严重程度	群众调查	无占用公共场地现象	×××	20××.3.5	是
4	无自行车车棚	了解实际需求情况	统计分析	小区应建有容纳50辆自行车的车棚	×××	20××.3.7	是

(续)

序号	末端原因	确认内容	方法	确认标准	负责人	确认时间	判断
5	缺少室外活动器材	查看现有场地的器材数量	现场查看	不少于3套健身器材	×××	20××.3.7	否
6	院内场地较小	落实场地面积	实际测量	不低于500m²的活动场地	×××	20××.3.9	否
7	院内低矮灌木较多	落实具体数量	现场查看	低矮灌木不超过绿化面积的30%	×××	20××.3.10	是
8	院内乱栽种现象严重	乱栽种的苗木具体落实到人	调查分析	院内绿化区域外无乱栽种现象	×××	20××.3.10	否

制表人：×××　　　　　　　　　　　　　　　　　　制表时间：20××年3月10日

具体确认过程如下：

因素1：院中心场地未硬化。20××年3月3日，小组组长×××召集小组成员到院内进行查看，发现院子中心硬化率仅有10%左右，未达到100%硬化标准，因此确定为主要原因。

因素2：蓄水池缺少防护措施。20××年3月5日，小组成员×××通过对蓄水池周围进行仔细检查，未发现有渗漏现象，经过分析认为住户提出水池缺少防护措施的意见主要是由于误解造成的，因此不是主要原因。

因素3：部分住户意识落后。20××年3月5日，小组成员×××组织楼长现场统计，发现有51家住户占用公共场所堆放杂物，占总住户的30%（表3-5），因此该项是主要原因。

表3-5　现场调查情况统计表

序号	调查项目	占用公共场所住户	累计频次
1	摆放花盆	15	15
2	堆放蜂窝煤	15	30
3	堆放废旧家具	8	38
4	其他杂物	13	51
合计			51

制表人：×××　　　　　　　　　　　　　　　　　　制表时间：20××年3月5日

因素4：无自行车车棚。20××年3月7日，小组副组长×××通过统计，院内共保有自行车37辆、电动车和摩托车13辆，确认自行车和摩托车仍是住户的主要交通工具，对车棚有实际需求。

同时，经过实际调查发现，小区内因无车棚造成自行车乱摆放现象严重，影响小区居住环境。因此此项应是主要原因。

因素5：缺少室外活动器材。20××年3月7日，小组成员×××通过现场查看发现，现有场地已安装室外健身活动器材3套，因此此项不是主要原因。

因素6：院内活动场地较小。20××年3月9日，小组成员×××对院内实际面积进行测量，小区院内面积统计表见表3-6。

表3-6　　××小区院内面积统计表　　　　　　　　　　（单位：m²）

住宅楼占地面积	道路面积	楼前散水面积	中心区域面积	活动场地面积	院内总面积
680	940	947.6	490	104	3161.6

制表人：×××　　　　　　　　　　　　　　　　制表时间：20××年3月5日

可以看出，实际虽然活动场地面积仅有104m²，但如果合理利用院中心区域的面积，总活动面积大于500m²，因此此项不是主要原因。

因素7：院内低矮灌木较多。20××年3月10日，小组成员×××对院内的低矮灌木占地情况进行了统计，发现院内中心区域灌木绿化占绿化面积80%以上，且地面为黄土地面，导致雨季泥泞不堪，秋冬枯叶、垃圾充斥其中，严重影响小区的整体环境和卫生质量，解决好这一问题关系到其他问题的顺利解决，因此此项是主要原因。

因素8：院内乱栽种现象严重。20××年3月10日，小组成员×××通过现场查看发现，除灌木绿化丛中存在乱栽种现象外，其余区域无乱栽种现象，因此此项不是主要问题。

通过以上过程分析，最终确定的主要原因是：①院中心场地未硬化；②部分住户意识落后；③无自行车车棚；④院内低矮灌木较多。

7. 制订对策

（1）制订对策的步骤

1）提出对策。每一条主要原因，会有各种各样的解决方法，就方案的实效而言，有的方案是临时性的改进方案，有的是永久性的解决办法；就方案的解决时间而言，有的方案解决起来需要花费很长时间，有的则短期即可见效；就方案的解决过程而言，有的方案小组自身无法实施，要靠上级决策或其他部门去做才能实现，有的是通过小组自身的努力就可实现；就方案的需用资金而言，有的方案需要花费很多资金，有的则花费很少资金，本小组即可筹措解决。

为此，制订对策的首要问题，就是要针对每一条主要原因，让小组全体成员根据知识、经验及各种信息，开动脑筋，拓宽思路，独立思考，相互启发，从各个角度提出尽可能多的对策，以供选择确定。如针对"工具不好用"这一主要原因，可以原有基础上改进，重新设计制造一个新的工具，或用别的工具替代，对策提得越具体越好。这样，每条原因都可提出若干个对策。这里可先不必考虑提出的对策是否可行，只要是可能解决这条主要原因的对策都提出来，这样才能尽量做到不遗漏真正有效的对策，才能集思广益。

2）评价和选择对策。QC小组成员针对每一条主要原因，充分提出各种对策（方案）之后，就需要对每项对策（方案）进行综合评价，相互比较，选出最令人满意、准备实施的对策。

对每一项对策（方案）进行综合评价，可通过进行试验、分析等方法，从有效性、可实施性、经济性、可靠性、时间性等方面进行评价，评价原则是在事实和数据的基础上尽可能量化。表3-7是某小组经过试验后制订的对策（方案）综合评价表。

表 3-7 对策(方案)综合评价表

序号	评价内容	◎	○	△
1	有效性	预计有效性达 90%	能解决 60% 问题	可解决 10% 问题
2	可实施性	本小组能自行实施	需要其他部门协助	难度大,需要外单位合作
3	经济性	需要费用 5000 元,小组可自行解决	需要费用 2 万元,小组能承担 1 万元,筹措 1 万元	费用 10 万元,很难承担
4	可靠性	确保运行 5 年	预计运行 2 年	临时措施,5 个月后还会再发生
5	时间性	实施用时 1 个月以内	实施用时 1~3 个月	实施用时 3 个月以上

评价得分最高者,即可作为最佳对策(方案)。常见的对策评价选择表见表 3-8。

表 3-8 对策评价选择表

序号	要因	对策	评价					综合得分	选定方案
			有效性	可实施性	经济性	可靠性	时间性		
1	要因1	1.…	◎	△	△	◎	○	15	
		2.…	○	◎	◎	○	◎	21	★
		3.…	○	○	○	△	△	11	
2	要因2	1.…	○	◎	○	○	◎	19	★
		2.…	○	△	○	△	△	9	
3	要因3	1.…							
		2.…							

注:◎表示 5 分;○表示 3 分;△表示 1 分。

(2)制订对策的原则

1)对策的有效性。首先就要分析研究该对策能不能控制或消除产生问题的主要原因,如果感到没把握或该对策不能彻底解决问题,则不宜采用,而要另谋良策。

2)对策的可实施性。选用的对策应是小组可以实施的,不可实施的对策不宜采用。若对策为增加人员,而企业没有招聘计划,增加人员的对策则不能实施。另外,利用增加人员来实现目标也会给企业带来人力资源投入,增加人工成本,需要谨慎考虑。如果采取的对策实施后会对环境产生影响或违反国家法律法规,则此对策是不可取的。

3)对策的经济性。要分析研究采取对策需要投入的资金数额,选取无资金投入或投入很少的方案是小组的较多选择。

此外,还要考虑本小组是否具备某方面的专业技术能力,对策是否容易实现等。通过对上述诸多方面的综合考虑确定最佳的对策。

(3)制订对策表 小组针对每条主要原因,制订对策,设定各对策所达到的目标,明确具体实施措施计划。小组可以根据实际情况和相关内容制订对策表。

QC 小组活动 P 阶段制订对策步骤中，对策表是步骤的输出结果，是对主要原因的对策计划。在对策表中，要明确各组员负责做什么、做到什么程度、怎么做、由谁来做、在哪儿做、什么时候做，这样小组成员就可以按照对策表的要求实施具体的操作。因此，对策表要依照 5W1H 的原则制订，即：

What（对策）——针对主要原因制订的对策是什么。

Why（目标）——完成对策应达到的目标，要用量化值表示。

How（措施）——实现对策的具体做法。

Who（负责人）——根据小组分工明确每一项工作由谁负责。负责人可以由小组中任一成员担任，并非特指组长。

Where（地点）——明确对策措施执行的地点。值得强调的是，当地点经常变动、不固定时，应明确是在现场、班组，还是在供方等。地点对于港务局、船务公司现场不固定的小组十分重要，应交代清楚。

When（时间）——完成对策的时间，可由月细化到日期。

对策表格式可参见表 3-9。

表 3-9　对策表

序号	主要原因	What（对策）	Why（目标）	How（措施）	Who（负责人）	Where（地点）	When（时间）

（4）应注意的问题

1）不要将"对策"与"措施"混淆。对策是指针对主要原因小组采取的改进方案，而措施是指实现改进方案的具体做法。

对策是回答做什么，它是针对要因（或项目）提出对策要求，比较原则，不能直接进行实施；措施回答怎样做，它针对对策要求具体展开，要求拟定的措施与对策要求相对应，考虑要周密，措施要具体，并有实施的步骤，具有很强的可操作性。

2）"目标"要尽可能量化。许多小组在对策表中的"目标"只有定性要求，而没有定量的目标值，这样小组采取措施后是否符合要求，是否达到了预期的改进效果将无法衡量。若没有一个可供检验的标准，对策表就无法给小组活动的实施以正确的引导。如果确实无法量化，也尽可能做到"目标"是可以检查的。

另外，小组在制订对策目标时往往把课题总目标分解为对策目标，这是不对的。由于对策目标是针对主要原因采取措施后所要达到的目标，有些对策实施后，是不能直接从课题总目标中看出其解决程度的，只有将所有对策都实施完后，才能对课题目标进行总体检查，而这一步是效果检查所要做的。因此，对策目标不应是课题总目标的分解指标。

3）针对主要原因逐条制订对策。小组在对策表中要针对所有主要原因逐条制订对策。避免主要原因与对策脱节，给解决问题造成逻辑上的混乱。

4）避免抽象用语。对策表的作用是指导小组成员具体实施改进，因此要用清晰、明确的词语描述清楚。在对具体措施的表述时，避免使用"加强""提高""争取""随时"等模糊的词语。

5）避免采用临时性的应急对策。例如，修理行业采用"垫块铜皮"的方法来消除间隙就属于这种性质。这种临时应急对策不能从根本上防止问题再发生。有的小组在要因确认时发现问题存在并及时采取补救措施，在制订对策时，要重新考虑上述补救措施是否恰当，是否能够彻底解决问题并防止其再次发生。例如，某小组在原因分析时认为可能是胶皮管脱落导致泄漏，要因确认证明了这一事实的存在，小组立即将其接上，解决了问题。制订对策时小组不能认为已经接上就可以了，要提出并制订有效的对策措施来确保胶皮管以后不再脱落。

6）尽量依靠小组自身的力量。依靠小组自身的力量实施对策，能更好地调动小组成员的积极性、创造性，提高小组成员解决问题的能力。若对策是小组成员自己实施完成的，更能激发小组成员的自豪感，对成果也会倍加爱护。如果大部分对策要依靠别人帮助，要上级领导予以协调，则往往会产生"命运不掌握在自己手中"的想法，而不能顺利解决问题。

制订对策常用的方法有：简易图表、矩阵图、树图、PDPC法、矢线图、优选法、正交试验设计法、头脑风暴法等。

例3-4 为了提高××住宅小区业主的满意度，QC小组成员在前期确定了主要原因后，针对主要原因制订了对策表（表3-10）。

表3-10 对策表

序号	主要原因	对策	目标	措施	地点	完成时间	负责人
1	院中心场地未硬化	对院子中心进行硬化	院中心场地硬化面积达到100%	1. 向上级领导报告具体规划，争取工程立项 2. 在上级主管部门的指导下组织施工 3. 安全专人做好与住户的协调，保证施工顺利进行	施工现场	××××	×××
2	部分住户的意识落后	增强住户自觉遵守小区规定的意识	无占用共有场地现象	1. 召开小区物管会会议 2. 组织安全检查 3. 发放和张贴小区公约 4. 组织清理院内摆放的杂物	××小区	××××	×××
3	无自行车车棚	利用现有场地规划建设车棚	小区应建有容纳50辆自行车的车棚	1. 确定施工方案和费用 2. 组织进行施工 3. 进行整体硬化 4. 购置和安装室外健身器材 5. 消除住户的误解和安全隐患 6. 组织联合检查验收	施工现场	××××	×××
4	院内低矮灌木较多	改为乔木绿化为主，节约场地资源	低矮灌木不超过绿化率的30%	1. 提出改造方案 2. 协助住户进行场地清理 3. 集中清理部分灌木	××小区	××××	×××

制表人：×××　　　　　　　　　　　　　　　制表时间：20××年3月30日

8. 对策实施

对策表制订完成后，QC 小组活动进入对策实施阶段。在这个阶段对课题的症结进行实质性改进，小组成员要发挥专业技术特长，对成员自身的和小组成员协作的专项技能扩展，以实现改进的目标。

（1）对策实施要求

1）按对策实施。由于所确定的主要原因性质各不相同，而对策表中的每条对策都是针对不同的主要原因制订的改进措施，因此小组成员要按照对策表中的改进措施逐项实施，才能确保针对要因改进，使其达到受控状态。

2）确认结果。在每条对策实施完成后，都应立即收集改进后的数据，与对策表中的每一个对策目标进行比较，以确认对策的有效性。

3）修正措施。QC 小组在实施阶段有两种情况需要对措施进行适当的修正。一是当小组成员在实施过程中遇到困难无法进行下去时，组长应及时召开小组讨论会，对于无法实施下去的措施进行修改，制订新的措施计划并实施。二是当小组确认措施实施后没有达到对策目标，小组要对措施的有效性进行评价，必要时应修改措施内容，以实现对策目标。

（2）应注意的问题

1）在实施过程中，各小组成员要随时做好记录，包括每条对策的具体实施时间、参加人员、活动地点、具体做法、费用支出、遇到困难及如何克服等，以真实地反映活动全貌，为小组课题完成后整理成果报告提供依据。

2）在实施过程中，小组长除了完成自己负责的对策外，要更多地组织协调各个成员的衔接工作，并定期检查实施进程。

3）每条对策完成后的结果确认十分重要。很多小组没有逐条确认对策完成结果，而是到效果检查阶段直接检查课题的总体效果。这样一旦发现没有达到总体效果，就必须重新对之前的各个阶段进行检查，寻找原因，工作量和工作难度都大大增加，降低了工作效率。

另外要注意的是，部分小组每条对策实施完后不是检查对策目标实现情况，而是检查课题总目标的完成情况。由于课题总目标往往是一个综合性的指标，大多数情况下，只实施一项对策很难对总目标形成影响，所以小组每项对策实施后，只需检查相应的对策目标是否实现，而不应检查总目标的完成结果。

4）每条对策实施后，除了对对策目标实现与否进行确认外，还需对措施的实施是否影响安全、环境、相关质量、管理以及是否带来成本大幅增加进行核查，以评价对策的综合有效性。

在对策实施阶段，由于进入了质量改进的实质性操作阶段，各种改进及结果都需用数据表达，因此可用的工具及方法也最多。常用的工具、方法有：调查表、直方图、控制图、过程能力指数、散布图、矩阵图、PDPC 法、箭条图、头脑风暴法、流程图、优选法、正交试验设计法等。QC 小组应根据自己处理数据的实际需要，正确、恰当地选用。

例 3-5 某 QC 小组根据已定的牵引绳展放回收工具的改进对策，制订了对策实施表（表 3-11）。

表 3-11　对策实施表

序号	对策	目标	措施	地点	完成时间	责任人
1	用 ϕ10cm 螺纹钢焊接，制作内圈直径为 35cm，外圈直径为 60cm，长度为 50cm 的转线盘	误差≤0.5cm，能对 400m 以下的牵引绳进行展放和回收工作	1. 绘制转线盘图样 2. 测量尺寸 3. 用钢制材料制作 4. 测量检查误差	办公室	20××年7月17日	××
2	用 ϕ10cm 螺纹钢焊接，制作可拆卸部分长度为 10cm，手摇柄长度为 15cm、20cm 的转动手柄	误差≤0.5cm，使用方便灵活，可从转线盘上拆卸	1. 绘制转动手柄图样 2. 测量尺寸 3. 用钢制材料制作 4. 测量检查误差	班组仓库	20××年7月18日	××
3	用 L40×40×4 角钢焊接，制作三角支架跨度 60cm，高度为 40cm，方形托盘宽度 55cm，长度 110cm 的底托	误差≤0.5cm，作业时能够稳定可靠、不晃动	1. 绘制底托图样 2. 测量尺寸 3. 用钢制材料制作 4. 测量检查误差	班组仓库	20××年7月19日	××
4	将制作好的各部件组装并模拟试验	将牵引绳展放和回收提高到每分钟 20m，并且一个人就能轻松完成	将制作好的各部件安装并实验，查看效果	施工现场	20××年7月20日	××

制表人：××　　　　　　　　　　　　　　　　　　日期：20××年××月××日

9. 效果检查

对策措施全部实施完成后，小组应进行效果检查。每项对策的实施经过确认，均达到对策目标的要求，表明所要进行的对策实施任务已经全部完成，由各主要原因引起的症结问题已经得到有效解决，则进入检查效果程序。

效果检查主要采用对比的方法，一般可采用柱状图、折线图、排列图、直方图以及调查表等统计工具或方法来进行。

（1）检查内容

1）检查小组设定的课题目标是否完成。把对策实施后试生产（工作）收集的数据与小组制订的课题目标值进行比较，看是否达到了预定的目标。可能出现两种情况，一种是达到了小组制定的目标，说明问题已得到解决，可进入下一步骤，巩固取得的成果，防止问题再发生；另一种是未达到小组制定的目标，说明问题没有彻底解决，可能是主要原因尚未完全找到，也可能是对策制订得不妥，不能有效地解决问题，此时要重新进行原因分析，再按各步骤往下进行，直至达到目标。这说明这个 PDCA 循环没有闭环，在 C 阶段中还要进行一个小的 PDCA 循环。这正是前面介绍的 PDCA 循环的特点之一，即大环套小环。

2）与对策实施前的现状对比，判断改善程度。小组在现状调查中，通过调查分析找出了问题的症结,并针对这一症结着手分析原因和找出主要原因,制订并实施对策。因此在效果检查中,小组应对问题症结的解决情况进行调查,以明确改进的有效性。

检查的方式可根据现状调查的情况而定。如果在现状调查时只简单地用具体数据来描述,则检查时可简单列表把对策实施前、后的数据进行对比。如果在现状调查时用排列图找出问题症结,则检查时同样用排列图来比较,检查问题症结是否由对策实施前的关键少数变为对策实施后的次要多数,以说明小组活动的改进效果是否明显。

3)必要时,确认小组活动产生的经济效益和社会效益。

① 计算经济效益。若小组通过改进活动实现了自己所制订的目标,凡是能够计算经济效益的,都应该计算出本次课题活动给企业带来的经济效益,以明确小组活动所做的具体贡献,鼓舞小组成员的士气,更好地调动小组成员的积极性。

A. 计算经济效益的期限。目前科学技术的发展日新月异,产品更新换代加速,企业如果跟不上社会的发展和需求,将被时代所淘汰。因此,经济效益的期限就没有必要计算得太长了。一般来说,QC 小组计算经济效益,不要类推,只计算活动期(包括巩固期)内所产生的效益就可以了。

B. 计算实际产生的效益。QC 小组在改进过程中必然要投入一定的费用。这些投入都要纳入效益计算中去。为此,QC 小组计算经济效益,要计算实际效益,即实际效益 = 产生的效益 - 投入的费用。

② 关于社会效益。由于 QC 小组所在的岗位不同、解决的课题不同,经过活动,有的可以创造很大的经济效益,有的创造的经济效益很小,有的创造的经济效益甚至为负数。如某液化气供应站 QC 小组,从收集的信息中得知管区内有两户居民房屋液化气皮管漏气引起爆炸,造成起火伤人事件。他们开展 QC 小组活动,调查原因,发现一千余户居民使用的胶皮管已老化,极易造成破裂,导致爆炸、火灾,经过 QC 小组实施采取的改进对策和措施,胶皮管老化的问题得到了根治。该小组的活动结果虽然没有得到可计算的经济效益,但是活动去除了造成爆炸和火灾的隐患,带来的社会效益是巨大的。

还有一些公益事业,如托儿所、敬老院、学校以及一些绿化、环保项目,投入的是社会关注、人文关爱,提供的是优质与贴心的服务,得到的是诚信和造福人类、造福社会。因此,对于这样的成果,在计算效益时可着重社会效益方面的描述,这样有利于鼓舞小组成员的士气、调动他们参与质量改进的积极性。

(2)应注意的问题 效益计算要实事求是,不要拔高、夸大,或延长计算年限,更不要把还没有确定的收益作为小组取得的效益。

一些不符合实际的计算经济效益的现象,主要是由于有的企业和部门还没有真正理解 QC 小组活动的宗旨,片面地认为只要创造经济效益就好,谁的成果创造经济效益大,谁的成果水平就高,就能评为优秀 QC 小组。应该明确提出,不应以经济效益的大小来衡量 QC 小组成果水平的高低或将其作为评选优秀 QC 小组的依据,这是评审小组成果的基本原则之一。

例 3-6 某 QC 小组针对钢箱型柱制作过程中箱型柱柱身形状不合格率高的质量问题开展 QC 活动。对策实施后,QC 小组对其进行了效果检查,对策实施前后箱型柱柱身形状合格率分析表见表 3-12。

表 3-12　对策实施前后箱型柱柱身形状合格率分析表

不合格项目	对策实施前		对策实施后	
	检查点	不合格点	检查点	不合格点
局部变形	69	29	69	3
表面波浪变形	68	9	68	9
整体变形	68	20	68	18
合计	205	58	205	30
合格率	71.7%		85.4%	

由以上分析表得出，柱身形状合格率由原来的 71.7% 上升到了 85.4%。QC 小组活动效果检查柱状图如图 3-5 所示。

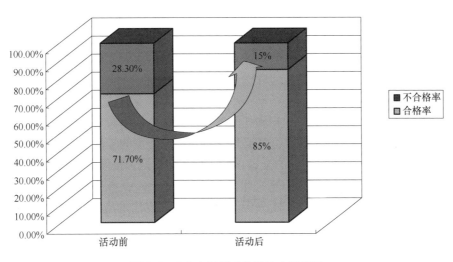

图 3-5　QC 小组活动效果检查柱状图

10. 制订巩固措施

通过质量管理活动，小组达到了预定的课题目标，取得效果后，就要把效果维持下去，防止问题再发生。为此，要制订巩固措施，包括以下两方面内容。

1）将对策表中通过实施证明有效的措施经主管部门批准，纳入相关标准，如工艺标准、作业指导书、管理制度等。为了巩固成果，防止问题再发生，就要把对策表中能使主要原因得到解决、恢复到受控状态的有效措施，纳入企业标准（制度）或形成标准（制度），便于以后的执行及进行日常的管理，起到维持提高的作用。

2）对巩固措施实施后的效果进行跟踪。新的标准或制度（或修订后的）实施后，小组成员要在巩固期及其以后的时间内经常到现场进行跟踪检查，以确认新标准、制度是否已被有效执行，这样才能使已取得的成果真正得到巩固。如果已被解决的问题后来再次发生，产生这种现象的主要原因是巩固措施没有被严格执行。

巩固期内要及时收集数据，以确认效果是否能维持在良好的水准上，要及时收集相关的数据，对于收集到的数据，可用简单的图表表示取得的成果真正得到巩固。

在取得效果后的巩固期内要做好记录并进行统计，用数据说明成果的巩固状况。巩固期的长短应根据实际需要确定，有足够的时间则说明在实际运行中效果是稳定的。巩固期长短的确定是以能够看到稳定状态为原则的，一般情况下，通过看趋势判稳定，至少应该有3个统计周期的数据。

制订巩固措施常用的方法有：简易图表、流程图、控制图等。

11. 总结和下一步打算

（1）总结 QC小组活动提倡一种不断进取、积极向上的精神，总结经验是为了今后进一步的提高。为此，小组在本课题得到解决之后，要认真回顾活动的全过程：成功与不足之处是什么？哪些地方做得是满意的？哪些地方还不够满意？肯定成功的经验，以利于今后更好地开展活动；接受失误教训，使今后的活动少走弯路。通过总结，鼓舞士气、增强自信、体现自身价值，提高分析问题和解决问题的能力，更好地调动小组成员的积极性和创造性。

一般来说，总结可从专业技术、管理技术和小组成员的综合素质三个方面进行。

1）专业技术方面。QC小组在活动中分析问题存在的原因、确定主要原因、制订对策、进行改进都需要用到专业技术。通过活动，小组成员的哪些专业技术得到了提高？哪些专业知识及经验得到了掌握？哪些专业知识和技能还欠缺？这一切都需要小组成员在一起认真总结。通过总结，小组成员在专业技术方面必然会得到一定程度的提高。

2）管理技术方面。在解决问题的全过程中，小组活动是否按照科学的PDCA程序进行，解决问题的思路是否做到一环紧扣一环，具有严密的逻辑性；在各个阶段是否都能够以客观事实和数据作为依据，进行科学的判断分析与决策；改进方法的应用方面是否正确且恰当，这一切都需要通过总结得以体现。

通过管理技术方面的总结，能进一步提高小组成员分析问题和解决问题的能力。

3）小组成员的综合素质方面。QC小组在对活动过程总结时，可从以下几个方面对QC小组成员的综合素质进行评价：

① 质量意识（或安全、环保、成本、效率等意识）是否提高。
② 问题意识、改进意识是否加强。
③ 分析问题与解决问题的能力是否提高。
④ QC方法是否掌握得更多些，且运用得更正确和自如。
⑤ 团队精神、协作意识是否树立或增强。
⑥ 工作干劲和热情是否高涨。
⑦ 创新精神和能力是否增强等。

通过综合素质的自我评价，使小组成员明确自身的进步，从而更好地调动小组成员质量改进的积极性和创造性。

小组进行综合素质的自我评价，通常使用评价表并绘制成简单的雷达图或柱状图，使自己或他人一目了然地看出活动前后的对比情况。

例3-7 某小组在总结中对小组成员的综合素质进行了自我评价，自我评价表见表3-13，自我评价雷达图如图3-6所示。

表 3-13　自我评价表

序　号	评价内容	活动前（分）	活动后（分）
1	团队精神	73	96
2	质量意识	82	97
3	活动积极性	82	98
4	创新意识	76	93
5	进取精神	84	96
6	QC工具运用技巧	76	90

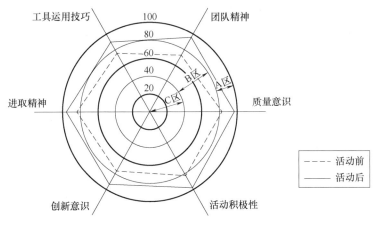

图 3-6　自我评价雷达图

由雷达图可以看出：①在 QC 工具运用技巧上有明显提高；②在团队精神、质量意识、活动积极性和创新意识上比活动前有所进步；③小组进取精神一直不错，且已保持下来。

对 QC 小组活动的总结，也可以根据程序或每个阶段进行。在完成 PDCA 循环程序后，对活动的全过程进行回顾和总结，QC 活动小结示例见表 3-14。

表 3-14　QC 小组活动小结示例

活动内容	优　点	不　足	今后努力方向
课题选择	用"头脑风暴法"适当选题，符合上级要求	—	吸收其他小组的经验，扩大本组选题范围
现状调查	对问题深入调查，能掌握重点	方法运用不熟练，分析不够细	加强方法的学习、训练、灵活应用
设定目标	依数据推算目标值，能客观设定目标	—	加强数据收集和分析，使目标设定更明确与合理
原因分析	成员充分发表意见，并能到现场确认主要原因	有的原因未分析到末端，有的要因尚缺少数据	对做好的原因分析图应确认是否分析到末端，若没有分析到末端，则要进一步分析；对主要原因应尽可能用数据说明它对问题的影响程度
对策与实施	对策富有创意，且有效解决问题	未能事先评估其副作用	学习"创新型"的一些方法；评估与改善对策的副作用

（续）

活动内容	优　点	不　足	今后努力方向
检查效果	确认实施效果并予以追踪，确保效果稳定		改进无止境，持续追踪，持续改进
标准化	制订良好的作业标准，提高作业效率，并推广至其他单位		将作业标准推广至各条生产线

（2）下一步打算　在对本次活动进行全面总结的基础上，小组可以提出下一次活动的课题，从而将小组活动持续地开展下去。对于下一步要解决的课题可以从以下方面来选择：

1）在现状调查分析问题症结时，找出来的关键少数问题已经解决，原来的次要问题就会上升为主要问题，把它作为下次活动的课题继续解决，将使质量提升到一个新的水平，追求卓越，持续改进。

2）在最初选择课题时，小组成员曾提出可供选择的多个课题，经过小组评估，得分最高者已经解决，在其余的问题中，还可以找出适合小组解决的问题。

3）再次发动小组成员广泛提出问题，从中评估选取新课题。

上述 QC 小组活动的程序是国内外 QC 小组活动经验的总结。按此程序进行活动，就能一环紧扣一环地进行下去，从而少走弯路，快捷有效地达到目标。熟练地掌握 QC 小组活动程序，正确地应用统计方法，并重视用数据说明事实，就能提高分析和解决问题的能力，从而提高小组成员的综合素质。

3.2　创新型课题 QC 小组活动程序

创新型课题的定义是运用全新的思维和创新的方法研制、开发新的产品、服务、方法或设备等，以提高企业产品的市场竞争力，并不断满足顾客日益增长的新需求，提高企业经营绩效。

创新型课题活动程序如图 3-7 所示。

创新型与问题解决型课题的活动程序比较见表 3-15。

表 3-15　创新型与问题解决型课题的活动程序比较

活动程序		课题类型	创新型课题	问题解决型课题
P	1. 选择课题		小组从未做过的课题	在原有基础上改进或提高的课题
	2. 现状调查		不需现状调查，但要根据课题寻找创新的切入点	自选目标的课题：要对问题现状进行调查，寻找症结所在
				指令性目标的课题：无现状调查
	3.	设定目标	针对创新课题，提出活动目标	在原来基础上提升一个新的台阶，目标要量化
		目标可行性分析	进行目标可行性论证	自选目标的课题：不进行目标可行性分析
				指令性目标的课题：进行目标可行性分析
	4. 分析原因		没有原因分析，但需要发散思维，提出各种方案，并通过试验等形式	针对问题的症结分析原因，列出所有的末端因素
	5. 要因确认		进行对比验证，确定最佳方案	针对末端因素进行逐一确认，确定主要原因
	6. 制订对策		针对最佳方案制订对策和措施	针对要因制订对策和措施

(续)

活动程序	课题类型	创新型课题	问题解决型课题
D	7. 对策实施	按照制订的对策统一实施	按照制订的对策统一实施
C	8. 效果检查	对照目标，检查实施效果	对照目标，检查实施效果
A	9. 制订巩固措施（标准化）	将可推广的对策、措施进行标准化	对有效措施制订巩固措施或标准化
	10. 总结及下一步打算	总结回顾活动全过程，提出今后活动方向	总结活动全过程，提出下次活动课题

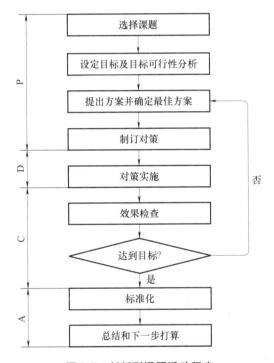

图 3-7　创新型课题活动程序

1. 选择课题

QC 小组针对现有的技术、工艺、技能、方法等无法实现或满足工作任务的实际需求，运用新思维选择创新课题。创新型课题立足于研制原来没有的产品、软件、服务、方法、设备等。因此，在选题时，要发动全体小组成员，运用头脑风暴法，突破常规，大胆设想，突破现有产品（服务）、业务、方法的局限，积极思考，从不同的角度寻求创新的想法和意见。如果是多个课题，小组可以采取少数服从多数或矩阵分析等方法，选择小组成员最感兴趣、更具挑战性的课题，以更好地调动小组成员积极性与创造性，确保活动的顺利进行。此步是"创新型"课题 QC 小组的关键步骤。

2. 选题要求

QC 小组选题应满足以下要求：

1）针对需求，借鉴不同行业或类似专业中的知识、信息、技术、经验等，研制（发）新的产品、服务、方法、软件、工具及设备等。

课题必须落在开发、研制原来没有的产品、新服务项目、新业务、新施工方法、技创新等方面，而不是指标水平的提高与降低方面。如《新型智能计数器的研制》《输电线路巡检系统的研发》等课题，都体现了创新、研制、开发新的施工方法、技术等方面内容。

2）课题名称应直接描述研制对象。

创新型课题名称是对本次小组创新活动内容的高度概括，要直接针对所要研制的产品、服务、方法、设备等。其特点主要体现在两个方面：一是明确本次活动要研发的内容；二是体现该课题的创新特征。创新型课题的名称应与其他类型的课题名称一样，要简洁、明确，一目了然，避免用抽象语言描述。

例如，前面提到的《新型智能计数器的研制》《输电线路巡检系统的研发》课题，由于课题名称结构简单，QC 小组也可以将创新的特征放到内容前面，改为：《研制新型智能计数器》《研发输电线路巡检系统》，给人目的性更强的感觉。

3. 设定目标及目标可行性分析

（1）设定目标　QC 小组围绕课题目的设定目标，目标设定应满足以下要求：

1）设定目标必须与课题对应，目标具有挑战性，一般以一个为宜，即对研制的产品、服务、方法、施工工艺等所要达到的目的设定目标。

2）创新型课题目标应在符合原有技术性能参数或指标的基础上，进行某一功能、效能等方面的研制（研发），目标需要量化，以便检查课题活动的成效。有的课题可以直接定量地确定目标，如《研发透水混凝土施工技术》活动成果的设定目标为：透水混凝土的透水系数≥1mm/s，就是一个量化的指标。对于有的定性的目标，需要通过转化为间接定量的方式设定目标。

（2）目标可行性分析　创新型课题 QC 小组在确定目标之后，因以前从未做过此课题，小组确定的目标是否可行不得而知，因此应进行目标可行性分析。主要从"人、机、料、法、环、测"等方面分析小组所拥有的资源、具备的能力，以及课题难易度等。通过目标可行性分析，一是可以帮助小组成员系统地发现自身优势，提高活动信心；二是可以使小组在活动前充分掌握资源配置情况，对可能遇到的问题有充分的思想准备，提高活动的成功率。如需要多少资金投入、什么样的研发环境，以及小组成员所具备的专业能力，当前人员是否满足需求等，从中判断所设定的目标是否可行，确保目标的实现。

目标可行性分析内容如下：

1）将借鉴的相关数据与设定目标值进行对比和分析。

2）分析小组拥有的资源、具备的能力与课题的难易程度。

3）依据事实和数据，进行定量分析与判断。

小组在进行目标可行性分析时，要注意用数据和事实说明该课题目标实现的可行性，不可只做定性分析。

例 3-8

1) 课题名称：研发透水混凝土施工技术。

2) 课题目标：透水混凝土的抗压强度≥30.0MPa，透水系数 1mm/s。

3) 目标可行性分析：

① QC 小组成员透水混凝土现场施工的经验丰富，能够提出预防控制措施，并获得过××省优秀 QC 小组称号。

② 透水混凝土施工得到了××省建筑科学研究院的大力支持，有利于目标值的实现。

③ QC 小组所在单位主编过《透水水泥混凝土路面技术规程》（CJJ/T 135—2009），理论水平比较高。

从以上三方面进行目标可行性分析，QC 小组认为目标可以实现。

4. 提出方案并确定最佳方案

创新型课题 QC 小组针对选择的课题，需提出实现课题目标的各种方案，并对这些方案进行评价，从中确定最佳方案。该步骤是创新型课题独有的特点，是有别于问题解决型课题的关键一步，关系到创新型课题活动的开展是否顺利，能否取得成功。

（1）提出方案 由于小组进行的是一种创新性的、以往没有过的、带有挑战性的活动，因此要实现课题目标，小组全体成员须用创造性思维，集思广益，把可能达到预定目标的各种方案充分地提出来。这些方案不受常规思维、经验的束缚，不拘泥于该方案技术是否可行、经济是否合理、能力是否达到等。在组员提出的各种想法的基础上，运用亲和图进行整理，去掉重复的，把一些不能形成独立方案的创意归并，形成若干个相对独立的方案。但切不可去掉任何一个看似"离谱"的创意。需要注意的问题如下：

1) 提出可能达到预定目标的各种方案，方案至少两个以上，否则无法对方案进行对比选择。但方案不要硬凑，明知确实不可用的应直接去掉。

2) 方案包括总体方案与分级方案，总体方案应具有创新性和相对独立性；分级方案应具有可比性，以供比较和选择。

方案的可比性是指各方案提供的信息相互可比，方案的独立性是指总体方案的实质和形式上的独立。

3) 方案应尽可能细化分解，直至分解到可以采取对策为止（此阶段类似于问题解决型课题中的原因分析）。只有对方案进行分解，才能进一步比较选择方案，为确定最佳方案提供充分的依据。

（2）确定最佳方案 QC 小组全体成员对提出的各种方案逐个进行试验、综合分析、论证、对比，并做出评价。方案分解应逐层展开到可以实施的具体方案，分析论证可以从技术的可行性（含难易程度）、经济的合理性（含需要的投资数额）、预期效果（实现课题目标的概率）、耗时、对其他工作的影响，以及对环境的影响等方面进行。

方案评价应用事实和数据对经过整理的方案进行逐一分析和论证。在对各方案进行综合分析和评价过程中，可以采用试验的方法，用试验结果数据将各个方案的优劣直接进行对比选择；也可以将两个方案中的优势进行组合，形成新的更优方案。在比较方案时，小组应用数据和事实说话，对一些不能够直接对比的项目，必要时可进行模拟试验，获取数据再进行比对。不提倡仅用定性方法进行方案的评价比较，如用矩阵图打分，对优势（强项）、劣势

（弱项）评价等，这种评价方法更多地依赖于个人感觉和主观意愿，缺少数据和客观事实做依据，影响判断的准确性和方案选择的正确性。

QC小组成员在对所有整理后的方案进行逐个分析、论证和评价的基础上，通过对各个方案的比较，选出最佳方案，也就是准备实施的方案。对于数据比较接近或不能够直接做出决定的，可深入调查，必要时可进行小规模的模拟试验进一步论证，以确定最佳方案。

例3-9　《研发透水混凝土施工技术》的一个目标是：抗压强度≥30.0MPa。为解决这个问题，有两个方案可供选择，具体如下：

方案一：使用高强度等级水泥。

试验情况： 使用P·O 42.5普通硅酸盐水泥，粒径分为5～10mm和10～24mm的碎石，按不同配合比制备混凝土，制作100mm×100mm×100mm的试块用于抗压试验。

试验结果： 不同配合比制备的混凝土试块抗压强度均未达到30.0MPa。

原因分析： 由于要求透水混凝土的透水系数1mm/s，透水混凝土内部的孔隙率加大，因此破坏面均在水泥和骨料结合面处，说明单纯提高水泥强度等级很难使透水混凝土抗压强度达到30.0MPa以上。

结论： 不选择此方案。

方案二：使用混凝土增强料。

试验情况： 使用P·O 42.5普通硅酸盐水泥，粒径分为5～10mm和10～24mm的碎石，按不同配合比制备混凝土，制作100mm×100mm×100mm的试块用于抗压试验。

试验结果： 若干配合比制备混凝土试块均达到30.0MPa以上。

原因分析： 混凝土增强料增加了水泥和骨料结合面处的紧密程度，使透水混凝土抗压强度达到30.0MPa以上。

结论： 选择此方案。

5. 制订对策

制订对策表是为了指导具体的实施工作。由于创新型课题属于开发、研制新产品（服务）、新业务新方法等，在制订对策过程中，小组成员一定要把思想放开，不受条条框框的制约，充分发挥每个人的特长，用集体的智慧保证对策目标的实现。制订对策是最佳方案的具体化，以指导小组活动的具体实施，实现小组的课题目标。

（1）如何制订对策　小组在制订对策前，先要将选定的准备实施的最佳方案具体化。由于小组在提出并选择方案的过程中是边展开、边进行比较的过程，方案往往是多层级的，且每层都要展开到可以采取的具体对策，很难看出方案的系统性和一致性。因此，在选择所有方案之后，小组应将最终所选的方案用系统图等方法进行整理，以便纳入对策表。如果方案是唯一的，可用系统图展开或用流程图进行描述；如果方案有备选的，则可以采用PDPC

图展示。运用 PDPC 法制定对策时，应把第一套方案纳入对策表。

（2）正确填写对策表　对策表仍需按"SWIH"的表头设计来制订。其中，"对策"栏应按上述小组选择的最佳方案（准备实施的方案）的步骤或手段（要素）逐项列出；"目标"栏应是每个对策步骤或手段所要达到的对策目标，要尽可能量化；"措施"栏是指每一项对策目标实现的具体做法，要详细具体描述；其他项与问题解决型课题的要求相同。创新型课题对策表栏目表见表 3-16。

表 3-16　创新型课题对策表栏目表

序号	方案	对策（What）	目标（Why）	措施（How）	负责人（Who）	地点（Where）	时间（When）
1							
2							
…							

例 3-10　表 3-17 是某 QC 小组在《研制 OTDR 光信号报警装置》活动中确定最佳选择方案的对策实施表。

表 3-17　对策实施表

序号	对策（What）	目标（Why）	措施（How）	负责人（Who）	地点（Where）	时间（When）
1	制作分体式基础平台	1. 尺寸为 5cm×3cm×3cm（长×宽×高），误差＜1mm 2. 光学器件的位移幅度＜0.2mm	1. 绘制图样 2. 加工制造 3. 检查试用	××	××理工大学	2014.5.1
2	完成光学系统的搭建	光信号的损耗＜0.2dB	1. 绘制图样 2. 光器件的制作 3. 系统的搭建 4. 检查试验	×××	××理工大学	2014.6.15
3	报警系统的组装	对端光信号检测报警率 100%	1. 绘制图样 2. 系统的组装 3. 检查试验	××	××信息通信公司	2014.6.15
4	整体测试	1. 对端光信号报警率 100% 2. 对本端测试信号无阻断且损耗＜0.2dB	1. 组装 2. 检查试验	×××	××信息通信公司	2014.6.18

6. 对策实施

创新型课题小组在对策实施这一步骤中，按照已制订的对策逐项实施。具体要求和注意事项与问题解决型课题相同，并注意在每项对策实施后，立即检查相应方案目标的实施效果及其有效性，必要时应调整、修正措施。

7. 效果检查

所有对策实施完成后，QC 小组应进行效果检查，以确认 QC 小组设定的课题目标是否达成。

创新型课题小组的效果检查，是针对研制的某一产品、项目、技术、工艺或方法，通过收集的客观数据，检查是否达到了小组设定的课题目标。如果达到了课题目标，说明小组取得了较好的活动效果，完成了此次的创新型活动课题；如果未达到课题目标，小组就要查找原因所在，确定是措施制订的问题，还是对策方案的问题，必要时进行新一轮的 PDCA 循环。

小组在效果检查时，不但要计算经济效益，还要证实小组创新性的活动给未来的工作带来的效率、产品的更新换代及填补国内外相关领域空白等社会效益，以展现小组课题活动的重大意义。

8. 标准化

小组应对创新成果的推广意义和价值进行评价，包括如下两点内容：

1）对有推广价值、经实践证明有效的创新成果进行标准化，形成相应的技术标准、图样、工艺文件、作业指导书或管理制度等。

2）对专项或一次性的创新成果，将创新过程相关材料存档备案。

（1）标准化　创新型课题的小组成果如果具有推广意义和价值，在今后生产、服务和工作中可再现、重复应用的，应将对策（方案）和措施进行标准化，标准化的内容可以是技术标准、图样、工艺文件、作业指导书、技术文件或管理制度等；或根据研发课题的实际情况，经巩固期确认后进行标准化。

如果有的课题是为解决某个专项问题而进行的、一次性的课题，可将研发过程的相关资料存档备案，指导今后小组活动的开展。

（2）成果的保护与转让　创新型课题成果是小组成员共同努力和付出的结晶，不论是产品、项目、工艺、技术，还是手段、方法等都是以前没有过的，带有创新性的，有的已经得到或正在申请专利，因此小组应增强对创新成果的保护及转让意识，使创新型课题成果发挥更大的价值和作用。

（3）标准化的常见问题

1）没有对成果是否具有推广意义和价值进行评价，造成无论是否有推广意义都做标准化。

2）将标准化内容等同为宣传口号，而没有把真正需要进行标准化的工艺、图样、设计等相关内容纳入到标准之中。

9. 总结和下一步打算

（1）总结　从创新角度对在专业技术、管理技术和小组成员素质等方面进行全面的回顾和总结，找出小组活动的创新特色与不足，激励今后更好地开展创新课题活动。

（2）今后打算　继续寻找和发现 QC 小组成员身边和工作现场存在的创新机会，选择新的课题开展改进和创新活动。

第4章
统计方法基础知识

4.1 统计方法及其用途

统计方法是指收集、整理、分析和解释统计数据，并对其所反映的问题得出一定结论的方法。

在质量管理过程中，应用统计方法的目的是通过收集、整理和分析质量管理活动中产生的大量质量数据，运用概率论和数理统计方法，从中找出规律、发现问题，以便决策下一步的行动，避免走弯路。

1. 统计方法及其分类

统计方法一般可分为描述性统计方法和推断性统计方法两类。

（1）描述性统计方法　描述性统计方法是对统计数据进行整理和描述的方法。比如，某工厂年终进行生产经营完成情况统计，要计算成品产值、半成品产值及计划与实际完成情况等，就是描述性统计方法的一个例子。

描述性统计方法常用曲线、表格、图形等形式反映数据和描述观测结果，使数据或观测结果更直观、更加容易理解，如直方图、柱状图、排列图和折线图等。

（2）推断性统计方法　推断性统计方法是在对统计数据描述的基础上，进一步对其所反映的问题进行分析、解释和得出判断性结论的方法。例如，《建筑地面工程施工质量验收规范》（GB 50209—2010）规定砂石垫层表面允许误差为 ±15mm，某工程现场技术人员和工人通过改进施工工艺及加强施工过程检查，使完成的砂石垫层表面误差控制在 ±10mm 以内，于是得出结论：改进工艺确实有助于砂石垫层表面平整度的提高，这里就用到了推断性统计方法。

推断性统计方法通常会使用散布图、控制图、抽样检验和假设检验等方法。

2. 统计方法的用途

在质量管理活动过程中，统计方法一般有以下几方面的用途：

（1）提供特征数据　在质量管理活动中收集到的数据大都表现为杂乱无章，这就需要运用统计方法计算其特征值，显示出事物的规律性，给管理者提供必要的决策依据。如平均值、中位数、标准偏差、方差、极差等。

（2）比较差异　在质量管理活动中，实施质量改进或应用新材料、新工艺，均需要判断所取得的结果同改进前的状态有无显著差异，这就需要用到假设检验、显著性检验、方差分析和水平对比法等。

（3）分析影响因素　在质量管理活动中，为对症下药并有效解决质量问题，可以应用各种统计方法分析影响事物变化的各种原因，找出主要因素加以解决。常用方法有调查表、因果图、散布图、分层法、方差分析、树图等分析方法。

（4）分析相关关系　在质量管理活动过程中，常常遇到这样的情况：两个甚至两个以上的变量之间虽然没有确定的函数关系，但存在着一定的相关关系。运用统计方法确定这种关系的性质和程度，对于质量活动的有效性就显得十分重要。可采用散布图、回归分析、正交试验设计法等。

（5）确定试验方案　在改进过程中，为能找到参数的最佳值或参数间的最佳搭配，需要进行试验。为缩短试验时间，减少试验次数，可以通过研究取样和试验组合确定合理的试验方案。常用方法有如抽样检验、单因素试验法、正交试验法、可靠性试验等。

（6）发现问题　根据质量数据的分布状况和分析动态变化情况，发现异常，寻找问题。常采用的方法有频数直方图、控制图、散布图、排列图等。

（7）描述质量形成过程　统计方法可以用于描述质量的形成过程以及过程的变化。用于这方面的统计方法有：流程图、控制图等。

应当指出，统计方法在质量管理活动中起到的是归纳、发现和分析问题、显示事物客观规律的作用，而不是具体解决质量问题的方法。如同医生看病，要借助体温表、血压计、心电图仪、X光透视机、多普勒超声检查仪、核磁共振仪等仪表器具，了解病人的病情，并帮助医生做出正确的诊断；但诊断并不等于治疗，要想治病，还应当采用打针、吃药或其他治疗方法。因此，统计方法在质量管理中的作用在于利用这些方法探索质量问题的症结所在，分析产生质量问题的原因，但要具体解决质量问题和提高产品的质量，还需要依靠专业技术和组织管理措施。

通过统计方法的学习应认识到，在质量管理的现场，我们随时都要同变量、波动和风险打交道，因此必须形成利用调查、分析、判断等统计方法去考虑问题的习惯，并正确地利用各种统计方法找出原因，以便更好地改进和解决问题。

4.2　统计方法中的基本概念

1. 产品质量波动

产品是由生产者制造而成的，产品的质量具有波动性和规律性。在生产过程中，即使操作者、机具、原材料、加工方法、测试手段、生产环境等条件相同，生产出的一批产品的质量特性数据也不会完全相同，总存在有一定的差异，这就是产品质量的波动性。产品质量波动具有普遍性。当生产过程处于统计控制状态时，生产出的产品质量特性数据的波动服从一定的分布规律，这就是产品质量的规律性。

（1）产品质量波动的特征　从统计学的角度看，可以根据产品质量波动的特征分为正常波动和异常波动两类。

1）正常波动。正常波动是由随机原因引起的质量波动。这些随机因素在生产过程中大量存在，对产品的质量经常产生影响，但它所造成的质量特性值的波动往往较小。正常波动系统因素有：原材料的性能和成分的微小差异，机具的轻微振动，环境温度、湿度的微小差异，操作方法、测量方法、检测仪器的微小差异等。要消除这些波动的随机因素，技术上较难达到，经济上的代价也较大。因此，一般情况下这些质量波动在生产过程中是允许存在的，故称为正常波动。公差就是承认这种波动的产物。仅有正常波动的生产过程称为处于统计控制状态，简称为控制状态或稳定状态。

2）异常波动。异常波动是由系统原因引起的产品质量波动。这些系统因素在生产过程中并不大量存在，对产品质量的影响也不经常发生，但一旦存在，它对产品质量的影响就比较明显。异常波动系统因素有：原材料的质量不符合规定要求，机具超载或带病运转，操作者违反操作规程，测量工具带有系统性误差等。由于这些原因引起的产品质量波动大小和作用方向一般具有一定的倾向性或周期性，所以比较容易查明，可以预防和消除。由于异常波动对质量特性值的影响较大，在生产过程中一般是不允许存在的。我们把有异常波动的生产过程称为处于非统计控制状态，简称不稳定状态或失控状态。

按照传统的观念，从微观角度看，引起产品质量波动的原因主要来自6个方面：

① 人员（Man）：操作者的质量意识、个人素养、文化程度、技术经验与能力、执行力以及身体健康状况等。

② 机器（Machine）：机器设备、工装夹具的精度和维护保养状况等。

③ 材料（Material）：材料的化学成分、物理性能和外观质量等。

④ 方法（Method）：加工工艺、操作规程和作业指导书的正确程度等。

⑤ 测量（Measurement）：测量设备、试验手段和测量方法等。

⑥ 环境（Environment）：工作场地的温度、湿度、含尘度、照明、噪声和振动等。

可以把上述因素称为引起产品、服务质量波动的6大因素，简称"5M1E"因素。

在实际工作中，方法（Method）和测量（Measurement）都属于方法的范畴，将两者合并，就可以将引起产品、服务质量波动的因素归并为5个，即：人、机、料、法、环。简称"4M1E"因素，应用起来会更加便捷。

质量管理的一项重要工作就是要找出产品质量波动规律，消除系统原因引起的异常波动，并把正常波动控制在合理范围内，使生产过程始终处于受控状态（稳定状态）。

（2）产品质量波动的规律性　在生产现场，当影响过程的诸因素都处于受控状态时，产品质量特性值在要求的范围内随机波动，而且这一波动是有规律性的，该特性值如果是计量数据，则一般服从于正态分布。

例 4-1　加工 $\phi 8_{-0.10}^{-0.05}$ 的螺栓外径，加工后100件螺栓尺寸实测值见表4-1。用描述性统计方法将其整理成频数直方图，如图4-1所示。

表4-1　螺栓尺寸实测值　　　　　（单位：0.001mm）

38[①]	30[①]	18	25	23	30[①]	20	29	22	25
30	25	13[②③]	25	27	20	25	28	18[②]	38[①]
38	30	25	25	27	24	30[①]	30	22	22

（续）

14②	30	26	25	27	25	26	35	25	15②
24	25	28①	27①	23	29	23	30	25	18
29	18②	24	20②	22②	22	20②	38①④	20	27
28	20	22	22	23	25	29	25	27	35
20	18	23	27	29	30	30	24②	22	31
18	28	15	23	31①	26	25	30	30①	19
23	28	19	25	22	18②	22	35	30	22

注：表中数据均经过处理，即（每个原始数据 -7.9）×1000。如表中数据38，原始数据为7.938mm；表中数据14，原始数据为7.914mm。

① 列中最大值。
② 列中最小值。
③ 表中最小值。
④ 表中最大值。

由图4-1可看出，这些高低不同的长方形组合的形态符合正态分布。

正态分布曲线如图4-2所示，图中的曲线即正态分布曲线。正态分布曲线由著名数学家高斯首先发明，所以也称高斯曲线。

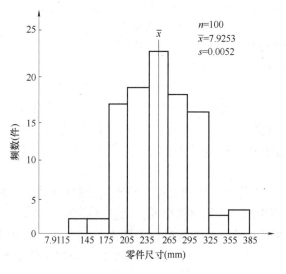
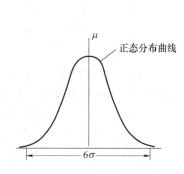

图4-1　频数直方图　　　　　　图4-2　正态分布曲线

正态分布受两个参数的影响，即集中位置 μ 和分散程度 σ。

1）集中位置 μ（平均值）。集中位置的变化会影响正态分布位置的变化，如图4-3所示。当集中位置 μ 往左偏移到 μ_1 时，正态分布的图形跟着往左偏移；当集中位置往右偏移到 μ_2 时，正态分布的图形就跟着往右偏移。

2）分散程度 σ（标准偏差）。分散程度的变化同样会影响着正态分布图形的变化，如图4-4所示。当分散程度 σ 变小到 σ_1 时，正态分布的图形会变"瘦"、变"高"；当分散程度 σ 变大到 σ_3 时，正态分布的图形也就变"矮"、变"胖"。

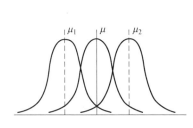
图 4-3　集中位置变化影响图形变化

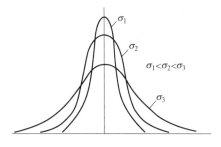
图 4-4　分散程度变化影响图形变化

因此,对计量数据的质量特性值进行控制时,就必须将其集中位置和分散程度两个参数一起控制。

计数数据中的计件数据服从离散型分布中的二项分布,而计数数据中的计点数据则服从离散型分布中的泊松分布。

2. 统计数据及其分类

QC 小组解决问题强调要用数据说话,QC 小组成员在收集数据时经常会碰到以下的统计数据:员工人数、员工工资总额、产量、尺寸、重量、化学成分、硬度、纯度、强度、压力、温度、时间、耗电量、用水量、气孔数、砂眼数、疵点数、假焊数、色斑数、不合格品数、不合格品率、合格品数、合格品率等。这些统计数据,有的是可以测量出来的,有的是能够数出来的,有的是由两种数计算得到的。从统计的角度来看,一般把上述形形色色的统计数据归成两大类,即计量数据和计数数据。

(1) 计量数据　凡是可以连续取值的,或者说可以用测量工具具体测量出小数点以下数值的这类数据,叫作计量数据,如长度、容积、重量、化学成分、温度、产量、员工工资总额等。就拿长度来说,在 1~2mm 内,还可连续测出 1.1mm,1.2mm,1.3mm 等数值;而在 1.1~1.2mm 内,还可以进一步测得 1.11mm,1.12mm,1.13mm 等数值。

(2) 计数数据　凡是不能连续取值的,或者说即使用测量工具也得不到小数点以下的数据,而只能得到 0 或 1、2、3 等自然数的这类数据,叫作计数数据,如不合格品数、疵点数、缺陷数等。以不合格品数来说,当用测量工具测量时,就只能得到 1 件、2 件、3 件等以自然数来表示的不合格品数。计数数据还可以细分为计件数据和计点数据。计件数据是指按件计数的数据,如不合格品数、台数、质量检测项目数等。计点数据是指按缺陷点(项)计数的数据,如疵点数、砂眼数、气泡数、单位(产品)缺陷(不合格)数等。

应当注意,当数据以百分率表示时,判断它是计量数据还是计数数据,应取决于给出数据的计算公式的分子。当分子是计量数据时,则求得的百分率数据为计量数据;当分子是计数数据时,即使得到的百分率不是整数,它也应属于计数数据。例如,生产出的 1000 台螺杆中,有 12 个为不合格品,其不合格品率为:(12/1000)×100% = 1.2%。

从数据 1.2% 来看,它虽然有小数点以后的数值,但因为计算公式中分子(12)是计数数据,所以螺杆不合格品率 1.2% 应是计数数据。

3. 总体与样本

通常我们不可能为了掌握一批产品的质量信息而检查整批产品。同样,在大多数情况下也不可能为了了解某道工序的产品质量而把该工序所制造出来的全部产品一一加以测试，而只能从中抽取一定数量的样品进行测试，从样品的测试结果来推断整批产品的质量。

为此要明确什么是总体，什么是样本，以及总体与样本之间的关系。

（1）总体　总体又叫"母体"，它是指在某一次统计分析中研究对象的全体。

总体可以是一批产品，如几十万件电子元件，这一批电子元件尽管数量相当大，但还是可以数得清楚，因此称作有限总体。

总体也可以是一个过程，如工厂中生产线上的一道工序，它一直在生产着某一种或多品种产品；又如自来水管中的水、煤气管道中的煤气等，它们通常称作无限总体。

（2）个体　组成总体的每个单元叫个体。几十万件电子元件中的每一件是一个个体，自来水管道中的水分子也是个体。

（3）总体含量　总体含量也称总体大小，是总体中所含的个体数，常用 N 表示。

（4）样本　样本也叫子样。它是从总体中随机抽取出来并且要对它进行详细研究分析的一部分个体（产品）。

抽样，是指从总体中随机抽取样品组成样本的活动过程。

随机抽样，就是要使总体中的每一个个体（产品）都有同等机会被抽取出来，从而组成样本的活动过程。福利彩票、体育彩票的开奖就是随机抽样产生的。

（5）样本容量　样本容量，也可叫样本量，是指样本中所含样品的数目，常用 n 来表示。

（6）总体和样本的关系　抽取样本、取得样本的信息不是目的，而是研究总体状况的一种手段。在质量管理中，常用这种研究局部去推断全局，研究样本去估计、预测总体的统计方法，从而达到保证产品质量和提高产品质量的目的。

总体和样本的关系如图 4-5 所示。总体，可以是一批产品，也可以是一个过程，通过随机抽取几件作为样本，对样本进行全数测量，取得数据，经过整理、分析并得出结论，再用样本数据的结论来判断总体。

如果产品特性值是计量数据，则总体与样本的关系如图 4-6 所示。

总体为正态分布，数量 N，集中位置 μ，分散程度 σ，随机抽取出的样本同样呈正态分

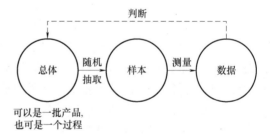

图 4-5　总体和样本关系

布，数量 n，平均值 $\bar{x}$，标准偏差 s，因此一般用样本的统计特征数 $\bar{x}$，s 参与计算，用得出的结果来判断总体。

4. 统计特征数

统计特征数是对样本来说的。统计方法中常用的统计特征数可分为两类：一类用于表示统计数据的集中位置，如样本平均值、样本中位数等；另一类用于表示数据的离散程度，如样本方差、样本标准偏差等。

（1）样本平均值　样本平均值是表示数据集中位置的各特征数中最基本的一种，通常

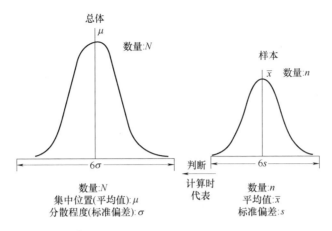

图 4-6　计量数据总体和样本的关系

用符号 $\bar{x}$ 来表示，其计算公式为：

$$\bar{x} = \frac{1}{n}\sum_{i}^{n} x_i \tag{4-1}$$

式中　$\bar{x}$——样本的算术平均值；

　　　x_i——第 i 个样品的统计数据值；

　　　n——样本大小。

例如，有 2、3、4、5、6 五个统计数据，则其平均值为

$$\bar{x} = (2+3+4+5+6)/5 = 4$$

（2）样本中位数　把收集到的统计数据 x_1，x_2，…，x_n，按照从小到大（或从大到小）的顺序重新排列，排在正中间的那个数就叫中位数，用符号 $\tilde{x}$ 来表示。

当 n 为奇数时，正中间的数只有一个，此数即是这批统计数据的中位数；当 n 为偶数时，中间位置处将有两个数，中位数就是正中两个数的算术平均值。

例如，有七个统计数据分别为 1.7、1.2、1.5、1.3、1.4、1.1、1.6，将它们从大到小排列：1.7、1.6、1.5、1.4、1.3、1.2、1.1，则中间的数 1.4 为中位数

$$\tilde{x} = 1.4$$

又如，有 1.0、1.3、1.2、1.5、1.4、1.6 六个统计数据，则中位数

$$\tilde{x} = \frac{1.3 + 1.4}{2} = 1.35$$

中位数也是表示统计数据集中位置的一个特征数，和样本平均值相比，它所表示的数据集中位置要粗略，但可以减少计算的工作量。

（3）样本方差　样本方差是衡量统计数据离散程度的一种特征数，在方差分析中常用到。其计算公式为

$$s^2 = \frac{1}{n-1}\sum_{i=1}^{n}(x_i - \bar{x})^2$$

式中　s^2——样本方差；

　　　$x_i - \bar{x}$——某一统计数据与样本平均值之间的偏差；

n——统计数据的个数，即样本大小。

例如，有 2、3、4、5、6、7、8、9、10 九个统计数据，其样本平均值为

$$\bar{x} = \frac{2+3+4+5+6+7+8+9+10}{9} = 6$$

则样本方差为

$$s^2 = \frac{1}{n-1} \sum_{i=1}^{n}(x_i - \bar{x})^2$$

$$= \frac{1}{8}(16+9+4+1+0+1+4+9+16) = 7.5$$

（4）样本标准偏差　国际标准化组织规定，把样本方差的正平方根作为样本的标准偏差，用符号 s 来表示。样本标准偏差的计算公式为

$$s = \sqrt{\frac{1}{n-1} \sum_{i=1}^{n}(x_i - \bar{x})^2}$$

以上面 9 个统计数据求样本方差的例子，则其标准偏差为

$$s = \sqrt{7.5} = 2.74$$

通过上述例子可以看到，$x_i - \bar{x}$ 表示第 i 个数据与样本平均值的偏差，如果将这些偏差值简单相加，结果为零，因而无法表示数据的离散程度。因此一般都用偏差的平方和来衡量，并用 $n-1$ 作为除数。以使计算结果更精确。这是因为偏差（$x_i - \bar{x}$）是用算术平均值计算出来的，应用最小二乘法原理，很容易推导出上述计算公式。

（5）样本极差　样本极差是一组统计数据中的最大值与最小值之差。通常用符号 R 来表示，其计算公式为

$$R = x_{\max} - x_{\min}$$

式中　$x_{\max}$——一组统计数据中的最大值；

$x_{\min}$——一组统计数据中的最小值。

极差是表示统计数据离散程度的各种特征数中计算最简单的一种。但是由于只采用了一组统计数据中的最大值和最小值（即两头的数据），并没有充分利用全部数据提供的信息，因此用样本极差来反映研究的实际情况准确性较差。

例如，2、3、5、7、9 与 2、6、7、8、9 这两组数据，它们的极差是相同的 R = 9 - 2 = 7，但是这两组数据的分布情况却不相同，各自反映出的问题完全不同。

5. 两类错误和风险

根据随机样本提供的信息，可以对总体未知参数做一定可靠程度的估计，反过来，可先对总体的未知参数进行假设，然后根据样本信息，对这个假设是否可信做出判断。这种根据一定随机样本所提供的信息，用来判断总体未知参数事先所做的假设是否可信的统计分析方法，叫作假设检验。假设检验的基本思想是：为了判断总体的某个特征，先根据决策要求对总体特征做出个原假设，然后从总体中抽取一定容量的随机样本，计算和分析样本数据，对总体的原假设做假设检验，进而做出接受或拒绝原假设的决策。

假设有一批数量很大的成品，其质量状况不清楚，现在随机抽取其中的一个样本，通过检测研究此样本的质量状况，以此来推测判断整批成品的质量，然后做出接受或拒收决定。

上述做法可能出现以下 4 种情况：

1）假定这批成品的质量是好的，通过详细研究其中的一个样本，发现此样本的质量是好的，于是就推断这批成品质量好，决定将其接收。

2）假定这批成品的质量是好的，通过详细研究其中的一个样本，发现此样本的质量是坏的，于是就推断这批成品质量坏，决定将其拒收。

3）假定这批成品的质量是坏的，通过详细研究其中的一个样本，发现此样本的质量是坏的，于是就推断这批成品质量坏，决定将其拒收。

4）假定这批成品的质量是坏的，通过详细研究其中的一个样本，发现此样本的质量是好的，于是就推断这批成品质量好，决定将其接收。

上述 4 种情况中，第 1）、3）两种情况的推断是正确的，因为它符合客观实际情况；第 2）、4）两种情况的推断是错误的，因为它不符合客观实际情况。

第 2）种情况犯了把质量好的一批成品当作质量坏的一批成品去看待、处理的错误，这类错误在统计方法中叫第Ⅰ类错误，称为"弃真"错误。犯这类错误的概率值一般以符号 α 表示。犯判断错误就要承担风险、承担经济损失，所以 α 又叫第Ⅰ类错误的风险率。

第 4）种情况犯了把质量坏的一批成品当作质量好的一批成品去看待、处理的错误，这类错误在统计方法中叫第Ⅱ类错误，称为"取伪"错误。犯这类错误的概率值一般以符号 β 表示。犯这类错误也要承担风险和由此产生的经济损失，所以 β 又叫第Ⅱ类错误的风险率。

我们希望犯错误的概率都尽可能小，但在一定的条件下，风险率 α 和风险率 β 是一对矛盾，减少 α 会引起 β 增大，减小 β 会引起 α 增大，即此长彼消或此消彼长。正确运用统计方法可以把二者的总风险率和总损失控制在期望的范围内。

第 5 章
质量管理活动中常用的统计方法

5.1 常用统计方法简介

1. 常用统计方法

统计方法是统计技术中的具体方法,如控制图、直方图和散布图都是统计技术中的方法。

统计方法不讲统计技术的理论基础——概率论,也不讲对统计结果的分析,只讲操作步骤,好比生产过程中的工艺流程,并不要求工人掌握设计意图和制造工艺原理,只要进行作业时能遵守工艺流程要求,就能生产出合格的产品。

20 世纪 70 年代日本质量管理专家开发了分层法、调查表、排列图、因果图、直方图、控制图和散布图七种统计方法,这几种统计方法被称为质量管理"老七种"工具。它们针对基层工人和初级技术人员的特点,不需要掌握概率论知识,为统计技术的推广应用提供了方便。"老七种"工具可以用于质量管理的所有阶段,但在质量改进过程中更具有针对性。在推行"老七种"工具并获得成功后,后来又提出"新七种"工具,"老七种"和"新七种"工具加上一些质量管理中常用的其他方法,共同构成质量管理的统计方法和工具。

为了在质量管理小组活动中推行这些常用统计方法,《质量管理小组活动准则》T/CAQ 1021—2016 给出了质量管理小组活动常用统计方法汇总表(表 5-1)。该表给出了 QC 小组活动的各个阶段使用哪种方法和工具更为适宜的推荐建议,可以供 QC 小组活动开展工作时参考。

2. 统计方法运用注意事项

1) 正确使用统计方法的标准如下:
① 选用统计方法的目的是有利于得到准确的结论。
② 评价统计方法的标准是有效。
③ 统计方法应该先学后用,学会再用,学以致用。
④ 工具重在质量管理活动过程中"使用",不要事后编造。

表 5-1 质量管理小组活动常用统计方法汇总表

序号	活动程序	"老七种"工具							"新七种"工具							其他方法					
		分层法	调查表	排列图	因果图	直方图	控制图	散布图	树图	关联图	亲和图	矩阵图	矢线图	PDPC法	矩阵数据分析法	简易图表	正交试验设计法	优选法	水平对比法	头脑风暴法	流程图
1	选择课题	●	●	●			○	○			○	●				●			○	●	○
2	现状调查	●	●	●	○	○	○								○	●					
3	设定目标		○													●			○		
4	原因分析				●				●	●	●	○			○					●	
5	确定主要原因				○		○	○								●					
6	制订对策	○			○				○			○	○	●		●	○	○		●	○
7	对策实施	^																			
8	效果检查		○			○	○									●		○			
9	制订巩固措施		○				○									●					○
10	总结和下一步打算	○	○													●				○	○

注：1. ●表示特别有效，○表示有效。
　　2. 简易图表包括：折线图、柱状图、饼分图、横道图、雷达图。

2）使用统计方法是分析问题和改进质量的手段，而不是目的，这样才能在 QC 活动不同阶段选择适宜的统计方法。

3）在运用统计工具过程中，当遇到收集数据不顺利时，建议如下：

① 明确要收集什么数据，了解数据的特性值。

② 收集有用的数据，避免收集所有数据。

③ 试着编制一张调查表，明确数据的特性值和获取数据的方式，然后再进行数据收集。

5.2 分层法

1. 基本概念

分层法（Stratification）也称分类法或分组法，是一种把课题对象总体按特性分组，对繁杂数据进行分类、归类、整理、汇总和分析，从而找出规律，反映真相的方法。因此，在 QC 小组活动中，经常应用分层法对收集到的质量数据进行分类、整理和分析，找出产品质量波动的真正原因和发展变化的规律。

2. 分层的原则

分层的原则是使同一层内的数据波动幅度尽可能小，将相同、相近类型或同性质的数据分在同一层。层与层之间的差别尽可能大，否则就起不到归类、汇总的作用。分层的目的不同，分层的标志也不一样。一般来说，可采用以下类别来进行分层分析：

人员：可按年龄、文化程度、操作熟练程度、性别、班组等分层。
设备：可按设备类型、新旧程度、生产线效率和工装夹具类型等分层。
材料：可按产地、批号、厂家、规格、成分等分层。
方法：可按不同的工艺要求、操作参数、操作方法、生产速度等分层。
测量：可按测量设备、测量方法、测量人员、测量取样方法和环境条件等分层。
时间：可按不同的班次、日期、小时、天、月来分层。
环境：可按照明度、清洁度、温度、湿度等分层。
其他：可按地区、使用条件、缺陷部位、缺陷内容等分层。
分层方法很多，可根据具体情况灵活运用。

3. 应用步骤

1）明确需要解决的问题，确定收集数据的类型。
2）将采集到的数据根据不同目的按照分层原则选择分层类别。
3）收集到足够且能确实反映质量问题的数据。
4）根据分层类别对数据进行分层。
5）将分层后的数据按层归类并画出分层归类图。
6）对分层后的数据，根据归类图或表进行进分析，寻找规律，发现问题。

4. 应用举例

例 5-1 表 5-2 是某 QC 小组在解决某装配厂的汽缸体与汽缸盖之间经常漏油问题交叉分层表。

表 5-2 某装配厂的汽缸体与汽缸盖之间经常漏油问题交叉分层表

操作者		漏油情况	汽缸垫		合计
			A 厂	B 厂	
操作者	王师傅	漏油	6	0	6
		不漏油	2	11	13
	李师傅	漏油	0	3	3
		不漏油	5	4	9
	张师傅	漏油	3	7	10
		不漏油	7	2	9
合计		漏油	9	10	19
		不漏油	14	17	31
共计			23	27	50

这是一个交叉分层表，从表中可以分析出很多改进和提高质量的信息：
1）经过对 50 套产品进行调查后发现两种情况：①3 个操作者在涂黏结剂时，操作方法

不同；②所使用的汽缸垫是由两个制造厂提供的。

2）于是对漏油原因进行分层分析，可得出以下结论：①按操作者分层，可以看出李师傅的涂胶方法效果虽然比王师傅好，比张师傅更好，但 25% 的漏油率仍是不允许的；②按汽缸垫生产厂家分层来看，两个厂的汽缸垫质量没有多大区别。

3）从交叉分层中可看到以下的情况：①王师傅用 B 厂的汽缸垫装了 11 台，一台都不漏油；②李师傅用 A 厂的汽缸垫装了 5 台，也是一台都不漏油。

> **结论：** 在当前情况下，当装 A 厂汽缸垫时三人都用李师傅的涂胶方法，而装 B 厂汽缸垫时三人都用王师傅的涂胶方法，就能把漏油率降到最低。

因此，分层法是一种分析、思考的方法，对收集到的数据从各个角度进行分层分析，就可暴露出问题的症结所在，从而对症下药。

分层分析不仅分析一层，还可以一层一层地展开分析下去，就像俗话所说的"层层剥皮，直到露出本质"。

此外，分层法还可与其他方法结合起来用，如分层排列图、分层直方图、分层控制图等。

5.3 调查表

1. 基本概念

调查表（Data-collection Form）也称检查表，是用来系统地收集资料和积累数据、确认事实并对数据进行粗略整理和分析的统计图表。由于调查表使用简便，既能够促使人们按统一的方式收集资料，又便于直观分析，因此在质量管理活动中，特别是在 QC 小组活动、质量分析和质量改进中得到了广泛的应用。

2. 调查表应用步骤

在 QC 小组活动中使用调查表步骤如下：
1）根据小组活动的目标，确定收集资料的目的。
2）根据收集资料的目的，确定收集资料的种类和范围。
3）确定对资料的分析方法和责任人。
4）根据不同目的，设计调查表格式。
5）对所获资料进行初步分析，检查调查表格式设计的合理性。
6）对调查表进行评审，若发现调查表使用不当，或不能反映质量问题的实质，则应重新设计调查表，进行进一步的调查。

3. 常用调查表的格式及应用

调查表的格式多种多样，可根据调查的目的和质量问题的实质，灵活设计和使用。常用的调查表有不合格品项目调查表、质量数据分布调查表和矩阵调查表等。

（1）不合格品项目调查表　不合格品项目调查表主要用来调查和记录生产现场不合格

品项目频数,根据调查的结果统计分析不合格品率,画出统计分析表和排列图。

一般来讲,调查表是小组活动时在现场使用的,而统计分析表则是小组在分析和整理调查数据时使用的。

表5-3是某QC小组在解决铝合金模板施工现浇混凝土浇筑过程中,混凝土外观质量问题时,拆模后根据观感及实测实量资料,填写的铝合金模板成型混凝土外观质量不合格调查表。QC小组共抽查了348个点,其中不合格95个,合格率为72.7%。从表中可以看出,现浇混凝土的质量问题主要包括混凝土表面错台,混凝土表面有气泡、蜂窝、夹渣等,其中混凝土表面错台、混凝土表面有气泡出现的频次最多。

表5-3　铝合金模板成型混凝土外观质量不合格调查表

序　号	不合格项目	频数(点)
1	混凝土表面错台	46
2	混凝土表面有气泡	31
3	混凝土表面有蜂窝	10
4	混凝土表面有夹渣	6
5	其他	2
合计		95

调查者:×××　　地点:××工地　　时间:××年××月××日

表5-4是根据表5-3编制的混凝土外观质量影响因素统计分析表。从表中可以看出,混凝土表面错台和混凝土表面气泡等质量不合格问题占总质量不合格数的81.1%,进一步印证了它们是主要的质量问题。

表5-4　铝合金模板成型混凝土外观质量影响因素统计表

序　号	项　目	频数(点)	累计频数(%)	累计频率(%)
1	混凝土表面错台	46	46	48.4%
2	混凝土表面有气泡	31	77	81.1%
3	混凝土表面有蜂窝	10	87	91.6%
4	混凝土表面有夹渣	6	93	97.9%
5	其他	2	95	100%
	合计	95		

制图人:×××　　　　　　　　　　　　　　　　　　　时间:××年××月××日

(2)质量数据分布调查表　质量数据分布调查表主要是用于对计量数据进行的现场调查。质量数据分布调查一般是根据以往的经验和资料,将反映产品的某一质量特性的数据分布范围分成若干区间,并以此来制成表格,用以记录和统计数据落在某一区间的频数。

表5-5是螺杆长度实测值分布调查表。从表格的形式看,质量分布调查表与直方图的频数分布表相似。所不同的是,质量分布调查表是根据以往资料,首先划分区间范围,然后制成表格,以供现场调查记录数据;而频数分布表则是首先收集数据,再适当划分区间,然后制成图表,以供分析现场质量分布状况之用。

表 5-5 螺杆长度实测值分布调查表

调查者：×××　　　　地点：××车间　　　　时间：××年××月××日

频数	1	4	14	26	32	23	10	4	2
35					丁				
30				一	正				
25				正	正	上			
20				正	正	正			
15			止	正	正	正			
10			正	正	正	正	正		
5	一	止	正	正	正	正	正	止	
	6.0	6.1	6.2	6.3	6.4	6.5	6.6	6.7	6.8	6.9	7.0 (cm)

制表人：×××　　　　　　　　　　　　　　　制表时间：××年××月××日

（3）矩阵调查表　矩阵调查表是一种多因素调查表。它要求把产生问题的对应因素分别排列成行和列，在其交叉点上标出调查到的各种缺陷、问题和数量。

表 5-6 是某厂两台冲压机生产的冲压件外观质量调查表。从表中可以看出：2 号机发生的外观质量缺陷较多。进一步分析原因，是由于 2 号冲压机的维护保养差所致。6 月 18 日两台冲压机所生产的产品的外观质量缺陷都比较多，而且表面光洁缺陷尤为严重。经调查分析，是当天的原材料质量波动所致。

表 5-6 冲压件外观质量调查表

调查者：李××　　　　时间：××年××月××日
地点：××厂××车间　　调查方式：实地观测

机号	6月15日		6月16日		6月17日		6月18日		6月19日		6月20日	
	上午	下午	上午	下午	上午	下午	上午	下午	上午	下午	上午	下午
1	○● ×○	●□	○○	×□	△○ △×	○	○○○ ○●△ ○○	△○○ ○△	□○	○△	○×	×× ●×
2	○● ○● △	○○ ○● ×	○× ×× ●	●● △△ ×	○● ●△ ×	○○ ××	○○○ ●△○ ○○	○○○ ●△○ ○○	×● ○○	×○ △□	○○	×□ ×

注：缺陷符号：○表面不光洁；△毛边；●疵点；×变形；□其他。

4. 注意事项

（1）设计调查表时应正确地分层　避免记录数据时造成数据混杂，从而无法进行归纳分析。

（2）调查表的形式及记录方法应简单　由于调查表的实际记录者一般是基层员工，如果形式太复杂可能会增加记录者的工作量,从而可能会造成伪数据、假数据的增加。

(3)收集的数据应及时处理　数据是在一定的条件下收集的,凡是数据都有一定的时效性,这些条件随着时间的变迁可能会有所变化,所以当数据收集完成后必须及时处理,才能保证反馈信息的有效性,进而反映问题的真实情况。

5.4 排列图

1. 基本概念

排列图也称帕累托图(Pareto Diagram),它是将质量改进项目从最重要到最次要顺序排列的一种图表。排列图由一个横坐标、两个纵坐标、几个按高低顺序("其他"项例外)排列的矩形和一条累计百分比折线组成,如图 5-1 所示。

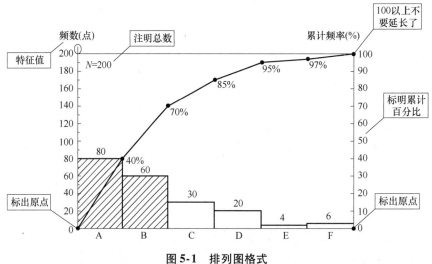

图 5-1　排列图格式

排列图建立在帕累托原理的基础上,帕累托原理是意大利经济学家帕累托(Pareto)在分析意大利社会财富分布时得到的"关键的少数和次要的多数"的结论。

这个原理意味着在质量改进项目中,少数的关键项目在事物的发展中往往起着主要的、决定性的影响作用,而多数的次要项目并不对事物的发展产生很大的影响。因此,运用排列图区分最重要的和次要的项目,就可以用最少的人力、物力、财力的投入,获得最大的质量改进效果。

排列图的主要用途如下:

1)识别重点。按重要顺序显示出每个质量改进项目对整个质量问题的影响。

2)识别进行质量改进的机会。

3)检查改进效果。在实施改进措施后,用排列图进行前后对比,以此来说明改进措施的有效性。

2. 应用步骤

(1)确定分析项目　选择要进行质量分析的项目或质量问题。

(2) 明确度量　选择用来进行质量分析的度量单位，如出现的次数（频数、点数）、成本、金额或其他。

(3) 确定分析周期　选择进行质量分析数据的时间间隔。

(4) 收集数据制作统计表　按照确定的时间周期及进行分析的变量项目，收集整理相关数据，编制数据统计表（表5-7），计算出各变量项目的百分比及累计百分数。

(5) 绘制排列图

① 画横坐标。按度量单位量值递减的顺序自左至右在横坐标上列出项目，将量值较小的几个项目归并成"其他"项，放在最右端。

② 画纵坐标。在横坐标的两边画两个纵坐标，左边的纵坐标为频数坐标，高度按度量单位标定，其高度必须与所有项目的量值总和等高；右边的纵坐标为百分比坐标，其高度与左边的纵坐标量值总和等高，并从0到100%进行标定。

③ 画矩形。在每个项目上画矩形，它的高度表示该项目度量单位的量值，显示出每个项目的影响大小。

④ 画累计百分比曲线。由左到右累加每个项目的量值（以百分比表示），并画出累计频率曲线（帕累托曲线），用来表示各个项目的累计影响。

(6) 确定结论　用排列图确定质量改进最为重要的项目（关键的少数项目）。

3. 应用举例

例5-2　某QC小组成员对正在施工中的某工程地下室顶板复合防水卷材施工质量进行检查，共抽查600处，其中合格520处，不合格80处，合格率为86.7%。根据统计得出质量缺陷统计表见表5-7。

表5-7　某工程地下室顶板复合防水卷材施工质量缺陷统计表

序号	项　　目	频数（处）	累计频数（处）	频率（%）	累计频率（%）
1	焊接质量不合格	60	60	75	75
2	卷材扭曲、折皱	8	68	10	85
3	卷材收头不规范	5	73	6.25	91.25
4	卷材搭接宽度不够	4	77	5	96.25
5	卷材破损	3	80	3.75	100
合计			80		100

制表人：×××　　　　　　　　　　　　　　　　　　制表时间：××年××月××日

根据排列图应用步骤，将表5-7的统计资料加工整理成排列图，如图5-2所示。

根据现场调查及以上排列图可知：焊接质量不合格是影响该复合防水卷材施工质量的主要问题。QC小组对上述问题进一步分析原因，采取对策，直至问题得到解决。

4. 应用注意事项

1）一般来讲，收集数据应在50个以上。关键的少数项目应是本QC小组有能力解决的最突出的项目，否则就失去了找主要矛盾的意义。

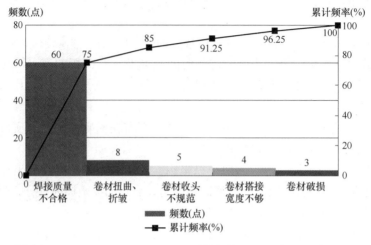

图 5-2　地下室顶板防水工程质量缺陷排列图

2）纵坐标可以用点数或金额等来表示，以便于找到主要项目为原则。

3）不太重要的项目很多时，横轴会变得很长，通常把排在最末尾的频数很小的一些项目加起来作为"其他"项，因此"其他"项不能为"1"，通常排在最后。

4）排列图项目一般应多于 3 项，最多不宜超过 9 项。当项目较少（少于 3 项及以下）时可用饼分图、柱状图等简易图表表示，这样更为简单。如果将尾数项合并为"其他"项后仍在 10 项以上时，往往会突出不了"关键的少数"。

5）确定了关键项目进行改进后，为了检查改进效果，还可以重新收集数据并画出排列图，再进行改进活动前后的比较。

5.5　因果图

1. 基本概念

因果图（Cause-and-effect Diagram）是表示质量特性波动与其潜在原因的关系，即表达和分析因果关系的一种图表。因果图由日本人石川馨所创，又称石川图，由于其形状像鱼骨，也称鱼骨图。运用因果图有利于找到问题的原因，便于对症下药。因果图在质量分析和质量改进中有着广泛的用途。

因果图的一般形式如图 5-3 所示。

2. 应用步骤

1）明确问题。明确问题即确定需要解决的质量问题，如气缸孔超差、混凝土裂缝、接口渗漏等。

2）确定原因类别。一般是从"5M1E"因素（即人员、设备、材料、方法、环境、测量）入手，确定原因类别的目的是使原因分析得更系统，避免遗漏。

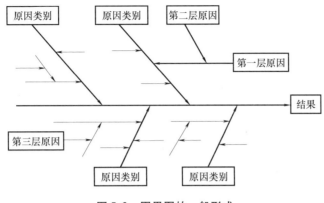

图 5-3 因果图的一般形式

3）画框架图。根据因果图的一般形式，画出因果图的主干部分，即画出结果和主要的原因类别。

4）层层展开成图。对产生质量问题的原因进行层层展开分析，直到可以直接采取对策为止，并将寻找到的各个层次的原因逐一地画在相应的枝上。

5）对分析出来的所有末端原因，都应到现场进行观察、测量、试验等，以确认主要原因。

6）对因果图进行进一步的分析。

3. 应用举例

例5-3　由某QC小组针对某工程地下室顶板复合防水卷材施工质量缺陷统计表及排列图利用头脑风暴法，集思广益，对主要问题"焊接质量不合格"进行了全面分析、讨论，绘制出因果分析图，找出末端因素。复合防水卷材施工质量缺陷因果图如图5-4所示。

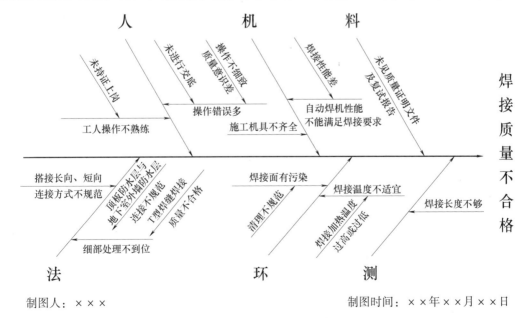

图 5-4　复合防水卷材施工质量缺陷因果图

4. 应用注意事项

1）画因果图时必须召开民主讨论会，利用"头脑风暴法"，充分发扬民主，各抒己见，集思广益，全面分析。

2）作图时应该注意：主干线画得粗些，主要类别相互独立，重要原因突出标识。

3）因果图只能用于单一问题的分析，一个主要质量问题只能画一张因果图，注意确定的主要质量问题不能笼统。多个主要质量问题则应画多张因果图。

4）因果关系要分明，原因分析必须彻底，要分析到可以直接采取对策的程度。

5）主要原因一定要在末端因素上确定，而不应该在中间因素中寻找。

6）对于末端因素，应逐项论证是否是主要原因。

5.6 直方图

1. 基本概念

直方图（Histogram）是频数直方图的简称，它是一种通过对大量计量值数据进行整理加工，用图形直观形象地把质量分布规律表示出来，根据其分布形态，分析判断过程质量是否稳定的统计方法。是用一系列宽度相等、高度不等的长方图形表示数据的图。长方形的宽度表示数据分布范围的间隔，长方形的高度表示在给定间隔内的数据值。

在实际生产过程中，虽然工艺条件相同，但生产出的产品质量却不会完全相同，而是在一定范围内波动，这种波动是否正常，是我们希望了解和掌握的。用直方图可以帮助我们做出准确判断，查找质量问题，以便制订改进措施。

2. 直方图的用途

在质量管理和 QC 小组活动中，由于直方图计算和绘图比较方便，既能明确表示质量的分布情况，也能准确地得出质量特征的平均值和标准偏差，使直方图成为一种应用广泛、实用的技术工具，其主要的作用如下：

1）显示质量波动的状态。

2）较直观地传递过程质量状况的信息。

3）根据质量数据波动情况，进行过程质量分析，确定质量改进工作的着重点。

3. 直方图的观察分析

直方图的应用，首先要收集数据，将数据分组，绘制成图。针对绘制的直方图显示的形态、数据分布中心和公差中心位置的分析，对数据波动情况作出判断。对直方图的观察分析可从形状和规格界限两方面入手。

（1）形状分析与判断　观察分析直方图整个图形的形状是否属于正常分布，分析过程是否处于稳定状态，判断产生异常的原因。直方图的 6 种不同形状如图 5-5 所示。

1）正常型：又称标准型、对称型。中部有一顶峰，左右两边逐渐降低，近似对称。一般情况下，直方图有点参差不齐，主要从整体上看其形态。这时，可判断工序运行正常，处

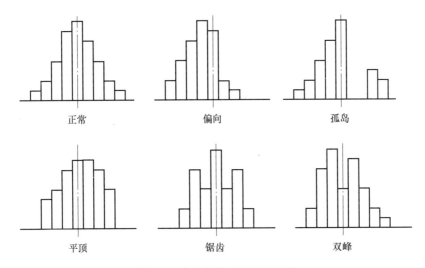

图 5-5 直方图的 6 种不同形状

于稳定状态。

2）偏向型：偏向型又分左偏型和右偏型。一些有单项公差要求或加工习惯的特性值分布往往呈偏向型；孔加工习惯造成的特性值分布呈左偏型，而轴加工习惯造成的特性值分布常呈右偏型。

3）孤岛型：孤岛型直方图属于数据的异常波动，多为异常因素所引起，如测量工具有误差、原材料的变化、设备老化、刀具严重磨损、短时间内有不熟练操作者顶岗、操作疏忽、混入规范不同的产品等。

4）平顶型：平顶型直方图往往因生产过程有缓慢因素作用引起，如刀具缓慢磨损、操作者疲劳等。

5）锯齿型：锯齿型直方图是由于直方图分组过多或是测量数据不准、测量方法不当、量具精度不高等原因造成的。

6）双峰型：直方图出现两个峰，这是由于数据来自不同的总体造成的，比如两个操作者或两批原材料，或两台设备生产的产品混在了一起。

（2）与规格界限的比较分析　当直方图的形状呈正常型时，即工序在此时刻处于稳定状态时，还需要进一步将直方图同规格界限（公差）进行比较，以分析判断工序满足公差要求的程度。直方图的典型状态与公差的比较如图 5-6 所示。

4. 绘制方法

1）收集数据。直方图数据一般大于 50 个，若数据太少，则所做的图形不能确切反映分布形态，计算出的标准偏差的精度也会降低很多。

2）确定数据的极差（R）。极差用数据中的最大值减去最小值求得。

3）确定组距（h）。先确定直方图的组数，然后以此组数去除极差，可得直方图每组的宽度，即组距。组距一般取测量单位的整倍数。若组数的确定要适当，组数太少，会引起较大计算误差；若组数太多，会影响数据分组规律的明显性，且计算工作量加大。组数（k）的确定可参考表 5-8。

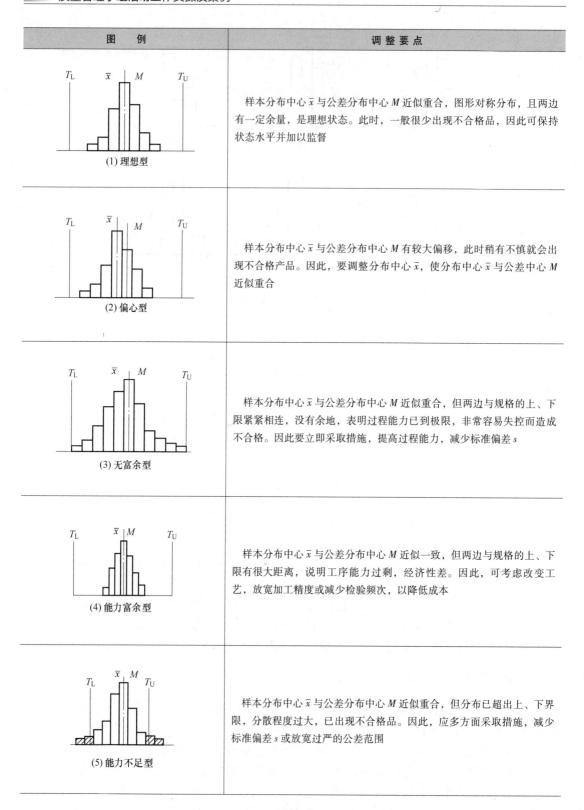

图 5-6 直方图的典型状态及与公差的比较

表5-8 组数（k）选用表

数据数目	组数 k	常用组数 k
50～100	6～10	
100～250	7～12	10
250以上	10～20	

4）确定各组的界限值。以下界限为起始，以确定的组距为间隔，依次确定各组的界限值。为避免因数据值与组的界限值重合，而出现一个数据同时属于两个组，造成重复计数。最简单的方法，可将各组区间按照"左开右闭"的原则取数，即可将各组数据区间定为左边（小数）属本组，右边（大数）属下组，或者在收集数据中最小值与公差下限不重合时，可将第一组的下界限值取收集数据中最小值减去最小测量单位的1/2，第一组的下界限值与组距 h 相加得出第一组的上界限值，其他依此类推。

5）编制频数分布表。把各组的上、下界限值分别填入频数分布表中，并把数据表中的各个数据"对号入座"列入相应的组，统计落入各组的数据个数，即组频数（f）。

6）按数据值比例画横坐标。

7）按频数值比例画纵坐标，以观测值数目或百分数表示。

8）按纵坐标测出长方形的高度，它代表落在此长方形中的数据数。因组距相同，所以每个长方形的宽度都是相等的。

9）在直方图上标注公差上、下界限（T_U、T_L）、样本数（n）、样本平均值（$\bar{x}$）、样本标准偏差值（s），以及公差中心 M 的位置等。

样本分布中心即样本平均值：

$$\bar{x} = \frac{1}{n}\sum_{i=1}^{n} x_i$$

样本标准偏差：

$$s = \sqrt{\frac{1}{n-1}\sum_{i=1}^{n}(x_i - \bar{x})^2}$$

5. 应用举例

例5-4 某班组加工钢轴，随机抽样钢轴直径尺寸加工数据100个，具体见表5-9，工艺要求钢轴加工直径尺寸为 60±20mm，班组希望了解加工质量，寻求改进。

表5-9 钢轴加工直径尺寸数据表

59.3	59.7	60.6	60.8	60.3	61.2	60.2	59.7	59.6	59.5
60.9	59.4	60.1	60.4	59.2	61.9[②]	59.5	59.4	60.7	59.3
60.1	61.3	60.5	58.9	59.8	59.5	59.4	60.4	60.5	60.5
60.2	60.5	58.5	59.6	59.5	58.9	58.9	59.2	59.9	59.9
59.9	58.0[①]	59.0	59.3	58.7	59.7	59.8	59.9	60.0	60.3

（续）

60.2	60.3	60.4	61.4	59.4	60.2	59.8	61.6	59.6	61.0
59.7	59.8	61.0	60.9	60.7	60.6	59.4	60.0	60.3	60.2
60.1	59.9	59.8	59.7	61.0	60.9	59.2	60.3	60.1	60.6
61.2	60.8	60.3	60.6	60.2	59.6	59.9	58.9	58.5	59.7
59.9	59.6	59.7	59.9	58.3	59.0	61.2	61.6	61.3	60.0

① 表中最小值。

② 表中最大值。

这种情况下，利用直方图能够快速、方便、形象地分析质量状况。

1）收集数据100个，即 $n=100$。

2）求极差 R。在数据表中找到最大值和最小值。最大值 $x_{max}=61.9$ mm，最小值 $x_{min}=58.0$ mm，则：$R=61.9-58.0=3.9$。

3）确定分组数值及组距 R　取组数 $k=10$。

组距 $h=R/k=3.9/10=0.39\approx 0.40$

4）确定各组界限值。将表5-9中的数据按照组距分为10组，确定各组界限值，频数表见表5-10。

表5-10　频数表1

组　号	组　界　值	频数统计 f_i
1	58.0~58.4	2
2	58.4~58.8	3
3	58.8~59.2	6
4	59.2~59.6	15
5	59.6~60.0	25
6	60.0~60.4	19
7	60.4~60.8	13
8	60.8~61.2	8
9	61.2~61.6	6
10	61.6~62.0	3

或将第一组的下界限值取数据中的最小值58.0减去最小计量单位的1/2（即0.05），得57.95，第一组上限为下限值57.95加上组距0.4，为58.35，列入表5-11。

表5-11　频数表2

组　号	组　界　值	频数统计 f_i
1	57.95~58.35	2
2	58.35~58.75	3
3	58.75~59.15	6
4	59.15~59.55	15

(续)

组 号	组 界 值	频数统计 f_i
5	59.55 ~ 59.95	25
6	59.95 ~ 60.35	19
7	60.35 ~ 60.75	13
8	60.75 ~ 61.15	8
9	61.15 ~ 61.55	6
10	61.55 ~ 61.95	3

5）计算样本平均值 $\bar{x}$ 与标准偏差 s：

工艺要求钢轴加工尺寸为 60.0 ± 2.0 mm，$T_U = 62.0$，$T_L = 58.0$

公差中心 $M = (T_U + T_L)/2 = (62.0 + 58.0)/2 = 60.0$

$$样本平均值 \bar{x} = \frac{1}{n}\sum_{i=1}^{100} x_i = 60.006$$

$$标准偏差 s = \sqrt{\frac{1}{n-1}\sum_{i=1}^{100}(x_i - \bar{x})^2} = 0.763$$

可见，样本平均值 $\bar{x}$ 与公差中心 M 基本吻合。

6）绘制直方图 根据计算结果及表 5-10 绘制钢轴加工直径直方图 1，如图 5-7 所示。根据计算结果及表 5-11 绘制钢轴加工直径直方图 2，如图 5-8 所示。

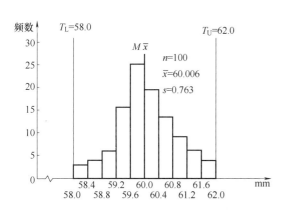

图 5-7 钢轴加工直径直方图 1

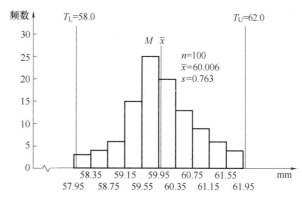

图 5-8 钢轴加工直径直方图 2

7）分析：从图 5-7 和图 5-8 可以看出，无论第一组下限值取数据的最小值 58.0，还是取减去最小计量单位的 1/2，即取 57.95，其图形与结论基本一致。

两个直方图均为无富余型，样本分布中心 $\bar{x}$ 与公差中心 M 近似重合。两边与规格的上、下限紧紧相连，几乎没有余地，尤其是下限已有数据落在甚至超出（图 5-8）规格下限 58.0mm，表明过程能力已到极限，非常容易出现失控，造成产品不合格。因此，小组决定立即采取措施，提高过程能力，减少标准偏差 s。小组通过直方图找到了改进的方向。

6. 直方图应用注意事项

1）一般要求数据不少于 50 个，最好 100 个。试验表明，当数据低于 50 个时，绘制出来的直方图差异较大，很容易造成误判。

2）确定组距 h 时，应取测量单位的整数倍。

3）确定分组界限关键是第一组的下界限值，避免一个数据同时属于两个组。

4）编制频数分布表时，频数记号应按数据表的顺序逐个"对号入座"至相应的组，避免遗漏和重复。

5）画出直方图后，应在图上标注抽样数、规格上限、规格下限、公差中心、样本均值、标准偏差等。

6）在分析直方图时，要结合实际情况对图形的类别和原因进行分析、判断，原因可能会多种多样，采取的措施也要慎重并加以验证，尤其是如果采取放宽控制界限的措施，要经过论证和验证，避免盲目放宽控制界限造成不合格品被放行。

5.7 控制图

1. 基本概念

控制图（Control Chart）也称管理图，是一种将显著性统计原理应用于控制生产过程的图形方法，是用来区分过程中的偶然波动和异常波动，并判断过程是否处于统计控制状态的一种工具。偶然波动一般在预计的界限内随机重复，是由过程固有的随机原因引起的，是一种正常波动；异常波动是由系统原因引起的，这些系统因素不常存在，但是一旦出现则对过程结果影响显著，需要对其影响因素加以判别、调查，采取措施消除，使过程处于受控状态。

2. 基本形式

控制图是建立在数理统计学基础上的。它根据"3σ"理论（"3σ"理论是以最终提高人或组织行为效能为目标的普适理论），利用前期的有效数据建立质量特性值的控制界限，包括上控制界限（UCL）和下控制界限（LCL）。如果过程不受异常原因影响而产生异常波动，产品的质量将处于稳定状态，下一步过程所得到的质量检测数据将不会超出上、下控制界限。控制图的基本形式如图5-9所示。横坐标是抽样时间（控制用控制图）或样本序号（分析用控制图），纵坐标是质量特性值的坐标。图中有三条水平线，上面一条是上控制界

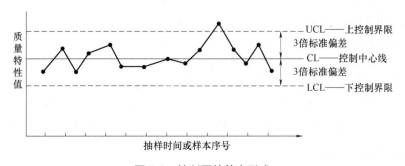

图5-9 控制图的基本形式

限 UCL，用虚线表示；中间一条是控制中心线，用细实线或点画线表示；下面一条是下控制界限 LCL，也用虚线表示。

3. 控制图种类

控制图的种类很多，一般常按数据的性质分成计量值控制图和计数值控制图两大类。

计量值控制图中主要包括：平均值——极差控制图、中位值——极差控制图和单值——移动极差控制图等。

计数值控制图主要包括不合格品数控制图、不合格品率控制图、缺陷数控制图和单位缺陷数控制图等。

控制图中最常用的是平均值——极差控制图。

常用的各种控制图种类、特点及适用场合见表 5-12。

表 5-12 控制图种类、特点及适用场合

类 别	控制图名称	符 号	特 点	适用场合
计量值控制图	平均值——极差控制图	$\bar{x} - R$	常用、效果好，计算量较大	产品批量较大工序
	平均值——标准偏差控制图	$\bar{x} - s$	效果好，计算量较大	样本容量 $n > 10$ 时，产品批量大工序
	中位值——极差控制图	$\tilde{x} - R$	常用、效果稍差，计算量较小	产品批量较大工序
	单值——移动极差控制图	$x - R_s$	简便、易用、及时，有时效果较差	单因素或单数据时使用
计数值控制图	不合格品数控制图	pn	较常用，计算简单，易于理解	样本容量相等
	不合格品率控制图	p	计算量大，控制线凹凸不平	样本容量不等
	缺陷数控制图	c	较常用，计算简单，易于理解	样本容量相等
	单位缺陷数控制图	u	计算量大，控制线凹凸不平	样本容量不等

4. 用途

控制图主要用在质量管理和 QC 小组活动中的质量诊断、质量控制及质量改进过程中。

（1）在质量诊断方面 用来检测和度量工艺运行状态是否处于正常状态，生产过程是否处于控制状态，产品的质量是否于稳定状态等。

（2）在质量控制方面 用来确定是否对工艺过程加以调整，是否应保持过程的相对稳定状态。

（3）在质量改进方面 可以用来确定检查质量改进的效果，检查调整后的过程是否重

新处于受控状态。

5. 应用步骤

1）选定对象。选取控制图拟控制的质量特性，如重量、不合格品数等。
2）确定用图类型。选用合适的控制图种类。
3）确定样本容量和抽样间隔。在样本内，假定波动只由偶然原因引起。
4）收集数据。收集并记录至少 20 个样本的数据，或使用以前记录的数据。
5）计算。计算各个样本的统计量，如样本平均值、样本极差和样本标准差等。
6）确定控制界限。计算各统计量的控制界限。
7）绘图。画控制图并标出各样本的统计量。
8）分析判断。观察有无在控制界限以外的点；观察在控制界限内有无排列有缺陷的点；如果已知有的数据存在特殊状况或异常原因，要在图中标注明确；判断过程的控制状态。
9）决定下一步行动。

6. 计算公式

控制图的计算，主要是控制中心线和控制界限的计算。确定控制界限。控制图的上下界限为 $\pm 3\sigma$，对于不同的控制图，需根据其分布特征与相互关系进行推导，《常规控制图》（GB/T 4091—2001）给出了各种类型控制界限的计算公式，控制图控制界限线见表 5-13。由此表可查出计算统计量 $\bar{x} - R$ 控制图控制界限的计算公式。控制图系数表见表 5-14。

表 5-13 控制图控制界限线的计算公式表

图别		中心线（CL）	上控制界限线（UCL）	下控制界限线（LCL）
$\bar{x} - R$	$\bar{x}$	$\bar{\bar{x}}$	$\bar{\bar{x}} + A_2 \bar{R}$	$\bar{\bar{x}} - A_2 \bar{R}$
	R	$\bar{R}$	$D_4 \bar{R}$	$D_3 \bar{R}$
$\bar{x} - s$	$\bar{x}$	$\bar{\bar{x}}$	$\bar{\bar{x}} + A_3 \bar{s}$	$\bar{\bar{x}} - A_3 \bar{s}$
	s	$\bar{s}$	$B_4 \bar{s}$	$B_3 \bar{s}$
$\tilde{\bar{x}} - R$	$\tilde{\bar{x}}$	$\bar{\bar{x}}$	$\bar{\bar{x}} + m_3 A_3 \bar{R}$	$\bar{\bar{x}} - m_3 A_2 \bar{R}$
	R	$\bar{R}$	$D_4 \bar{R}$	$D_3 \bar{R}$
$x - Rs$	x	$\bar{x}$	$\bar{x} + 2.659 \bar{R}s$	$\bar{x} - 2.659 \bar{R}_s$
	Rs	$\overline{Rs}$	$3.267 \bar{R}s$	不考虑
p		$\bar{p}$	$\bar{p} + 3\sqrt{\dfrac{\bar{p}(1-\bar{p})}{n}}$	$\bar{p} - 3\sqrt{\dfrac{\bar{p}(1-\bar{p})}{n}}$
np		$n\bar{p}$	$n\bar{p} + 3\sqrt{n\bar{p}(1-\bar{p})}$	$n\bar{p} - 3\sqrt{n\bar{p}(1-\bar{p})}$
u		$\bar{u}$	$\bar{u} + 3\sqrt{\dfrac{\bar{u}}{n}}$	$\bar{u} - 3\sqrt{\dfrac{\bar{u}}{n}}$
c		$\bar{c}$	$\bar{c} + 3\sqrt{\bar{c}}$	$\bar{c} - 3\sqrt{\bar{c}}$

表 5-14 控制图系数选用表

n	2	3	4	5	6	7	8	9	10	11	12	13
A_2	1.880	1.023	0.729	0.577	0.483	0.419	0.373	0.337	0.308	0.285	0.266	0.249
A_3	2.659	1.954	1.628	1.427	1.287	1.182	1.099	1.032	0.975	0.927	0.886	0.850
D_4	3.267	2.575	2.282	2.115	2.004	1.924	1864	1.816	1.777	1.744	1.717	1.693
B_4	3.267	2.568	2.266	2.089	1.970	1.882	1.815	1.761	1.716	1.679	1.646	1.618
E_2	2.660	1.772	1.457	1.290	1.134	1.109	1.054	1.010	0.975	-	-	-
m_3A_2	1.880	1.187	0.796	0.691	0.549	0.509	0.43	0.41	0.36	-	-	-
D_3	-	-	-	-	-	0.076	0.136	0.184	0.223	0.256	0.283	0.307
B_3	-	-	-	-	0.030	0.118	0.185	0.239	0.284	0.321	0.354	0.382
d_2	1.128	1.693	2.059	2.326	2.534	2.704	2.847	2.970	3.078	3.173	3.258	3.336

注："-"表示不考虑。

7. 控制图的分析与判断

应用控制图的目的就是要及时发现过程中出现的异常，判断异常的原则就是出现了"小概率事件"。为此，判断的标准有两类：

第一类：点越出控制界限。在稳定状态下，点越出控制界限的概率为 0.27%。

第二类：点虽在控制界限内，但排列的形状有缺陷。

由于控制界限为 $\mu \pm 3\sigma$，犯第一种错误的概率 α 就很小了，仅为 0.27%，但犯第二种错误的概率 β 就要增大，为了减少这种错误，即使点都在控制界限内，也要注意其排列有无缺陷。如果有缺陷（不是随机分布），就要判作异常，看作过程已经发生了变化。

《常规控制图》（GB/T 4091—2001）对控制图的评判提供了 8 种检验模式，也就是 8 种判断准则，其中准则 1 属第一类；准则 2～准则 8 均属第二类。

准则 1：1 个点落在 A 区外（点越出控制界限），如图 5-10 所示。

准则 2：连续 9 点落在中心线同一侧，如图 5-11 所示。

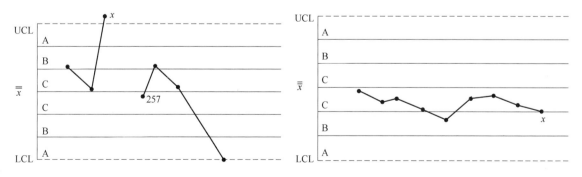

图 5-10　1 个点落在 A 区以外　　　　图 5-11　连续 9 点落在中心线同一侧

准则 3：连续 6 点递增或递减，如图 5-12 所示。

准则 4：连续 14 点中相邻点子总是上下交替，如图 5-13 所示。

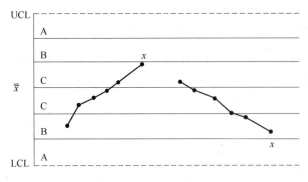
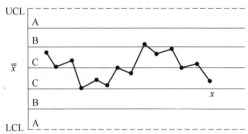

图 5-12　连续 6 点递增或递减　　　　图 5-13　连续 14 点中相邻点交替上下

准则 5：连续 3 点中有 2 点落在中心线同一侧的 B 区以外，如图 5-14 所示。
准则 6：连续 5 点中有 4 点落在中心线同一侧的 C 区以外，如图 5-15 所示。

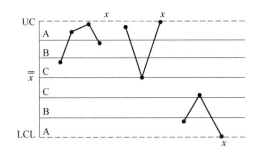
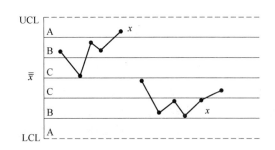

图 5-14　连续 3 点中有 2 点落在　　　　图 5-15　连续 5 点中有 4 点落在
　　　　中心线同一侧的 B 区以外　　　　　　　　中心线同一侧的 C 区以外

准则 7：连续 15 点落在中心线两侧的 C 区之内，如图 5-16 所示。
准则 8：连续 8 点落在中心线两侧，且无 1 点在 C 区内，如图 5-17 所示。

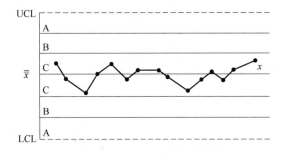
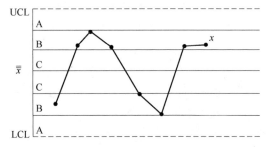

图 5-16　连续 15 点落在中心线两侧的 C 区内　　　图 5-17　连续 8 点落在中心线
　　　　　　　　　　　　　　　　　　　　　　　　　　　　两侧且无 1 点在 C 区内

8. 应用举例

例 5-5　某公司新安装一台产品装填机。该机器每次可将 5000g 的产品装入固定容器。规范要求为 5000^{+50}_{+0}（g）。使用控制图分析装填结果的控制状态，确定是否需要改进。具体工作步骤如下：

1）选定特性值。将多装量（g）看成应当加以研究并由控制图加以控制的重要质量特性。

2）确定用图类型。由于要控制的装入量是计量特性值，因此选用 $\bar{x}-R$ 控制图。

3）确定样本容量及抽样间隔。每个样本的容量 n，少则不精确，个数太多则测量费时且计算太麻烦，$2 \leq n \leq 10$。一般 n 取 4~5 个。作分析用控制图时，样本之间的差别要尽量小，样本与样本之间则要考虑全过程的情况，所以要有合适的时间间隔。本案例以 5 个连续装填的容器为一个样本，于是样本容量 $n=5$。每 1h 抽取一个样本。

4）收集数据。收集 25 个样本数据，即样本个数 k 为 25，并按观测顺序将其记录于表 5-15 中。

5）计算。

① 计算每个样本的统计量 $\bar{x}_i$——5 个观测值的平均值，R_i——5 个观测值的极差。

如，第一号样本：$\bar{x}_1 = \dfrac{(47+32+44+35+20)\mathrm{g}}{5} = 35.6\mathrm{g}$

$$R_1 = (47-20)\mathrm{g} = 27\mathrm{g}$$

其余类推。

② 计算各样本平均值的平均值 $(\bar{\bar{x}})$ 和各样本极差的平均值 $(\bar{R})$，填入表 5-15 中。

$$\bar{\bar{x}} = \frac{\sum_{i=1}^{25} \bar{x}_i}{k} = \frac{746.6}{25} = 29.86 \text{ g}$$

$$\bar{R} = \frac{\sum_{i=1}^{25} R_i}{k} = \frac{686}{25} = 27.44 \text{ g}$$

表 5-15 多装量和样本统计量　　　　　　　　　　　　（单位：g）

样本号	X_1	X_2	X_3	X_4	X_5	$\sum x$	$\bar{x}$	R
1	47	32	44	35	20	178	35.6	27
2	19	37	31	25	34	146	29.2	18
3	19	11	16	11	44	101	20.2	33
4	29	29	42	59	38	197	39.4	30
5	28	12	45	36	25	146	29.2	33
6	40	35	11	38	33	157	31.4	29
7	15	30	12	33	26	116	23.2	21
8	35	44	32	11	38	160	32.0	33
9	27	37	26	20	35	145	29.0	17
10	23	45	26	37	32	163	32.6	22
11	28	44	40	31	18	161	32.2	26
12	31	25	24	32	22	134	26.8	10
13	22	37	19	47	14	139	27.8	33
14	37	32	12	38	30	149	29.9	26
15	25	40	24	50	19	158	31.6	31

(续)

样本号	X_1	X_2	X_3	X_4	X_5	$\sum x$	$\bar{x}$	R
16	7	31	23	18	32	111	22.2	25
17	38	0	41	40	37	156	31.2	41
18	35	12	29	48	20	144	28.8	36
19	31	20	35	24	47	157	31.4	27
20	12	27	38	40	31	148	29.6	28
21	52	42	52	24	25	195	39.0	28
22	20	31	15	3	28	97	19.4	28
23	29	47	41	32	22	171	34.2	25
24	28	27	22	32	54	163	32.6	32
25	42	34	15	29	21	141	23.2	27
						累计	746.6	686
						平均	$\bar{\bar{x}}=29.86$	$\bar{R}=27.44$

注：此表中数据经简化处理，即测量值减 5000 所得。

6）确定控制界限。由表 5-15 查出计算统计量 $\bar{x}-R$ 控制图控制界限的计算公式。
① 计算控制图的中心线。
$\bar{x}$ 图：

$$\text{中心线 CL} = \bar{\bar{x}} = 29.86\text{g}$$

R 图：

$$\text{中心线 CL} = \bar{R} = 27.44\text{g}$$

② 计算控制界限。
$\bar{x}$ 图：

$$\text{UCL} = \bar{\bar{x}} + A_2 \bar{R}$$
$$\text{LCL} = \bar{\bar{x}} - A_2 \bar{R}$$

式中，A_2 为随着样本容量 n 变化而变化的系数，从表 5-15 选取。

本例，$n=5$，查表得：$A_2=0.577$。

控制上限 UCL $= 29.86\text{g} + 0.577 \times 27.44\text{g} = 45.69\text{g}$

控制下限 LCL $= 29.86\text{g} - 0.577 \times 27.44\text{g} = 14.03\text{g}$

R 图：

$$\text{UCL} = D_4 \bar{R}$$
$$\text{LCL} = D_3 \bar{R}$$

式中，D_3、D_4 为随 n 变化的系数，从表 5-15 选取中选取。$n=5$，查表

得：$D_4=2.115$。由于 $n=5$ 时，D_3 没有数值，所以 LCL 取 0。

控制上限 UCL $= D_4 \bar{R} = 2.115 \times 27.44\text{g} = 58.04\text{g}$

控制下限 LCL $= D_3 \bar{R} = 0$

7）画控制图。用坐标纸或控制图专用纸来画控制图。一般在上方位置安排 $\bar{x}$ 图，对应的下方位置安排 R 图，横轴表示样本号，纵轴表示质量特性值和极差。中心线用实线，上

下控制线用虚线绘制,并在各条线的右端,分别标出对应的 UCL、CL、LCL 符号和数值,在 $\bar{x}$ 图上控制线的左上方标记 n 的数值。见图 5-15。

把各样本的平均值 x 和极差 R,在已经画有控制界限的控制图上打点,一般在 x 和尺图上分别用"·""●"或"×"表示,并连接各点。当确认生产过程处于稳定状态时,就可以将此图用于控制工序质量的变化。如果发现点排列有缺陷,则用大圈把异常部分圈起来以便观察分析,借此进行工序过程的动态质量控制。

8)分析判断。由图 5-18 可以看出,本例中多装量与极差的控制图没有出现越出控制界线的点,也未出现点排列缺陷(即非随机的迹象或异常原因),可以认为该过程是按预计的要求进行的,处于统计控制状态(受控状态)。

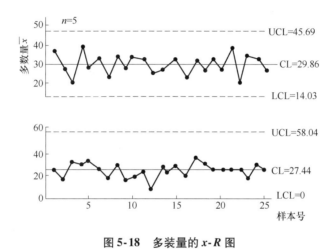

图 5-18　多装量的 x-R 图

9)在不对该过程做任何调整的同时,继续用同样的方法对多装量抽样、观测和打点。如果在继续观测时,控制图显示出存在异常,则应进一步分析具体原因,并采取措施对过程进行调整。

9. 注意事项

1)如果过程处于以下几种情况,一般不适宜使用控制图:
① "5M1E"因素未加控制、过程处于不稳定状态。
② 过程能力不足,即 $c_P<1$。
③ 没有量化指标的过程。
④ 所控制的对象不具有重复性,一次性或只有少数几次重复性(单件、小批量生产)的生产过程。

2)选择控制对象时,一般选择需严格控制的质量特性值。当一个过程需要控制的质量特性值很多时,则要选择能真正代表该过程主要状况的特性值。必要时要进行分层控制,如不同设备或不同班组等。

3)避免由于画法不规范或不完整导致图示错误;避免使用公差线代替控制线,小组活动中常出现这种错误;当"5M1E"发生变化时,应及时调整控制线。

同时要避免在实际生产过程使用中因为忙碌等原因不及时打点,无法及时发现过程异常；在研究分析控制图时，对已弄清有系统原因的异常点，在原因消除后，要及时剔除异常点数据，并在图中标明，以避免影响正确的分析判断。

4）要根据打点结果进行分析判断，若只绘图不分析就失去控制图的报警作用。

5.8 散布图

1. 基本概念

散布图（Scatter Diagram）又叫相关图、散点图，是研究成对出现的两组数据代表的两种特性之间相关关系的简单图示技术。如(x, y)，每对为一个点。在散布图中，成对的数据形成点云，研究点云的分布状态便可推断成对数据之间的相关程度。散布圈点云的典型形状如图5-19所示。在散布图中，当X值增加，相应地Y值也增加，我们就说X和Y是正相关；当X值增加，相应地Y值却减少，我们就说X和Y是负相关。

散布图可以用来发现、显示和确认两组相关数据之间的相关程度，并确定其预期关系，常在QC小组的质量改进活动中应用。

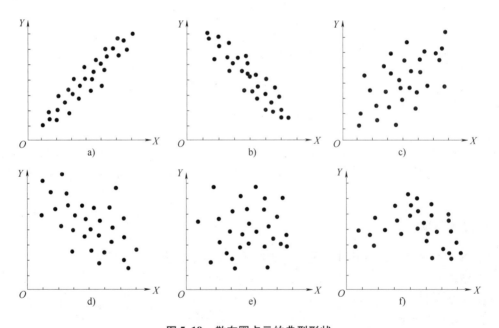

图5-19 散布圈点云的典型形状
a）强正相关 b）强负相关 c）弱正相关 d）弱负相关
e）不相关 f）非直线相关

2. 应用步骤

1）收集两个变量对应的相关数据(X, Y)至少不得少于30对。

2）标明X轴和Y轴代表的项目内容。

3）找出X和Y的最大值和最小值，并用这两个值标定横轴X和纵轴Y，画出X轴和

Y 轴。

4）将每对数据所构成的点画出，当两组数据值相等，数据点重合时，可围绕数据点画同心圆表示。

5）分析点云的分布状况，确定相关关系的类型。

3. 散布图的相关性判断

常用的散布图相关性判断方法有 3 种：
1）对照典型图例判断法。
2）象限法判断法。
3）相关系数判断法。

4. 应用举例

例 5-6　为了缩短通信业务通道故障时长，某 QC 小组需要摸清设备运行率与单点接入光链路数量之间的关系，收集数据后，利用散布图法进行分析。

1）收集数据。共收集了 30 组数据，设备运行率与单点接入光链路数量见表 5-16。

表 5-16　设备运行率与单点接入光链路数量

单点接入光链路（个）	第一周设备运行率	第二周设备运行率	单点接入光链路（个）	第一周设备运行率	第二周设备运行率
1	99.998%	99.968%	16	99.712%	99.578%
2	99.989%	99.924%	17	99.668%	99.887%
3	99.946%	99.913%	18	99.743%	99.619%
4	99.923%	99.840%	19	99.782%	99.878%
5	99.872%	99.958%	20	99.668%	99.53%
6	99.812%	99.764%	21	99.715%	99.862%
7	99.889%	99.947%	22	99.568%	99.482%
8	99.827%	99.756%	23	99.585%	99.713%
9	99.838%	99.942%	24	99.551%	99.490%
10	99.711%	99.667%	25	99.588%	99.718%
11	99.829%	99.902%	26	99.622%	99.489%
12	99.799%	99.716%	27	99.524%	99.618%
13	99.668%	99.913%	28	99.471%	99.435%
14	99.793%	99.713%	29	99.473%	99.568%
15	99.826%	99.972%	30	99.459%	99.436%

制表人：×××　　　　　　　　　　　　　　　　　　　　　制表时间：××年××月××日

2）画出 X 轴和 Y 轴。用设备运行率标定横轴 X，用单点接入光链路数标定纵轴，画出 X 轴和 Y 轴。

3）将每对设备运行率与单点接入光链路数对应数据所构成的点画在对应的坐标上，如图5-20所示。

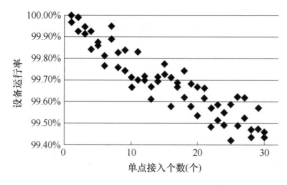

制图人：×××　　　　　制图时间：××年××月××日

图5-20　设备运行率（X）与单点接入光链路数（Y）的散布图

4）分析设备运行率（X）与单点接入光链路数（Y）的散布图，显示设备运行率与不具有备用通道的光链路数量有明显相关性。

5. 散布图应用注意事项

1）要注意对数据进行正确分层，否则可能做出错误判断。
2）观察是否出现异常点或离群点。对于异常点或离群点，应查明原因。
3）当收集的数据较多时，可能会有重复数据出现，在画图时可以用双重圈表示。
4）由相关分析所得的结论应注重数据的取值范围。一般不能随意更改其适用范围，当取值范围不同时，应再进行相应的试验与分析。

5.9　树图

1. 基本概念

树图（Tree Diagram）也称系统图（System Diagram），是表示某个质量问题与其组成要素之间的关系，从而明确问题的重点，寻求达到目的所应采取的最适当的手段和措施的一种树枝状图。它可以系统地把某个质量问题分解成许多组成要素，以显示出问题与要素、要素与要素之间的逻辑关系和顺序关系。比如，可以把头脑风暴法产生的意见、观点，按其内在的联系整理成树图，以便更清晰地显示出诸要素之间、要素同主题之间的逻辑关系、顺序关系或因果关系。树图常用于单目标展开，一般均自上而下或自左至右展开作图。

2. 树图的形式

树图一般由主题、要素类别、要素和各级子要素组成。它的单目标性决定了其主题只有一个，主题下面是要素类别，每个要素类别又分若干个要素，要素又分子要素，子要素又分子要素，直至末端子要素为止。

树图可以向下展开，称为宝塔型树图，图 5-21 是宝塔型树图的典型形式。

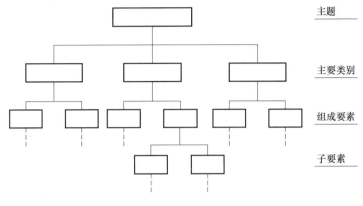

图 5-21　宝塔型树图

树图也可以侧向展开，称为侧向型树图，图 5-22 是侧向型树图的典型形式。

3. 主要用途

1）方针目标实施项目的展开。

2）在新产品开发中进行质量设计的展开。

3）为确保质量保证活动而进行的保证质量要素（事项）的展开。

4）对为解决企业内质量、成本、产量等问题所采取的措施加以展开。

5）工序分析中对质量特性进行主导因素的展开。

6）对各部门职责、权限展开，用于机构调整时职能分配。

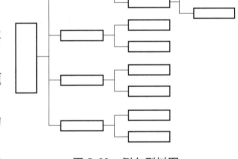

图 5-22　侧向型树图

7）用于多层次因果关系的分析，以弥补因果图的不足。

4. 应用步骤

1）确定主题。简明扼要地讲述要研究的主题（如质量问题），用于因果分析的树图一般是单目标的，即一个质量问题用一张树图。

2）确定主要层次。确定该主题的主要类别。

3）根据主要类别确定其组成要素和子要素。

4）把主题、主要层次、组成要素和子要素放在相应的方框内。

5）评审画出的树图，确保无论在顺序上或逻辑上都没有差错和空档。

5. 应用举例

例 5-7　某通信公司对"基于云计算的信息资源调度管理系统方案研制"的主题进行调查，将调查结果用树图进行分析（图 5-23）。

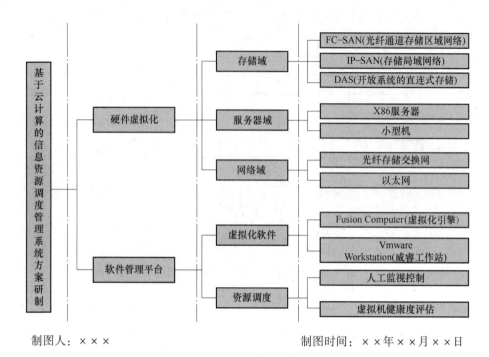

图 5-23　方案选择树图

从图 5-23 中可见，有 11 种可供选择的最终方案。

6. 注意事项

1）用于因果分析的树图一般是单目标的，即一个问题用一张树图。

2）运用树图进行原因分析时，树图中的主要类别一般可以不先从"5M1E"出发，而是根据具体的质量问题或逻辑关系去选取。

5.10　关联图

1. 基本概念

关联图（Relation Diagram）也称关系图，它是解决关系复杂、相互关联的原因与结果或目的与手段等单一或多个问题的图示技术，是根据逻辑关系理清复杂问题、整理语言文字资料的一种方法。

2. 主要用途

造成质量问题的因素往往是多种多样的，有的因素与因素之间相互影响，有的因素把两个性质不同的问题纠缠在一起，为解决因素之间的缠绕问题，使用关联图是一个可取的办法。关联图的主要用途如下：

1）不合格品原因分析。

2）开发研究质量对策。

3）规划过程和活动的开展。
4）顾客投诉问题的分析。

3. 基本类型

（1）中央集中型　把要分析的问题放在图的中央位置，把同"问题"发生关联的因素逐层排列在其周围，如图5-24所示。

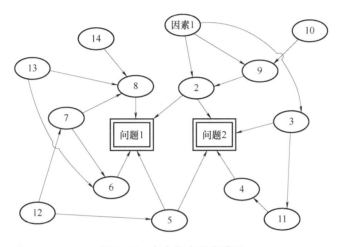

图 5-24　中央集中型关联图

（2）单侧汇集型　把要分析的问题放在右（或左）侧，与其发生关联的因素从右（左）向左（右）逐层排列，如图5-25所示。

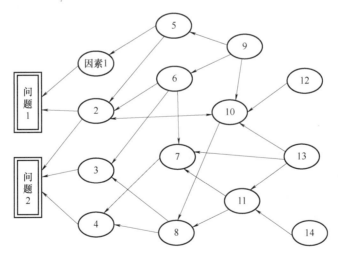

图 5-25　单侧汇集型关联图

4. 应用步骤

（1）广泛分析收集原因　针对存在的问题召开原因分析会，集思广益，广泛提出可能影响问题的原因，并把提出的末端原因收集起来。例如，某QC小组分析收集原因共12条。

（2）初步确认　在初步分析出的原因中，有不少原因是互相影响的，前面提到的 QC 小组收集的 12 条原因中有很多原因相互关联，就可用关联图把它们的因果关系理出头绪来。

（3）整理　把问题及每条原因都做成一个一个小卡片，并把问题的小卡片放在中间，把各原因的小卡片放置在它周围。中央集中型关联图如图 5-26 所示。

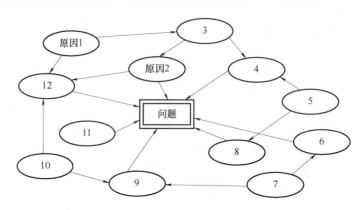

图 5-26　中央集中型关联图

（4）寻找关系并绘图　从原因 1 开始，逐条理出它们之间的因果关系。如原因 1 影响原因 3，原因 3 影响原因 2，原因 2 影响问题，我们用箭头将其联系起来，即箭头从原因 1 指向原因 3，从原因 3 指向原因 2，再从原因 2 指向问题。如果原因 1 同时影响原因 12，原因 12 又影响着问题，则再把箭头从原因 1 指向原因 12，再把箭头从原因 12 指向问题。然后再看原因 2，原因 2 除受原因 3 的影响和直接影响问题外，还影响原因 12，就用箭头从原因 2 指向问题和原因 12，这样把 12 条原因逐项理一遍，关联图也就绘制完成了（图 5-26）。

图中，☐（也可用◯）表示问题；◯（也可用☐）表示原因。箭头指向为原因—结果。由于位置紧凑，无论是问题还是原因，均要用简洁、明了的语言填入其中。

（5）找出末端因素　关联图（见图 5-26）中各因素有以下 3 种情况：

1）箭头只进不出。箭头只进不出，说明此因素只有别的因素影响它，而它不影响别的因素，这就是需要分析原因的问题。

2）箭头有进有出。箭头既有进又有出，说明该因素既影响别的因素，同时又受到别的因素的影响，表明它不是具体的末端原因，只是一个中间原因。有的原因进、出箭头很多，也只能说明它是一个很重要的中间环节而已，不能把它作为末端原因。如图 5-26 中的原因 2、原因 3、原因 4、原因 6、原因 8、原因 9、原因 12。

3）箭头只出不进。箭头只出不进，表明该因素只影响别的因素，而不受别的因素影响，是造成问题的末端因素，即是原因的根源。从图 5-26 中可以看出，箭头只出不进的末端因素有：原因 1、原因 5、原因 7、原因 10、原因 11，主要原因要从这 5 条末端因素中逐一确认、识别和选取。

5. 应用举例

例 5-8　图 5-27 是某 QC 小组对"影响管线一次安装合格率因素"制作的关联图。

6. 注意事项

1）因素之间没有相互缠绕时，不能用关联图。
2）文字、语言应简洁、准确。
3）末端原因箭头只出不进。
4）要把所有末端原因检查一遍，看其是否到可直接采取对策的程度，如果不能采取对策，则要再展开分析下去，一直分析到可以直接采取对策的程度为止。

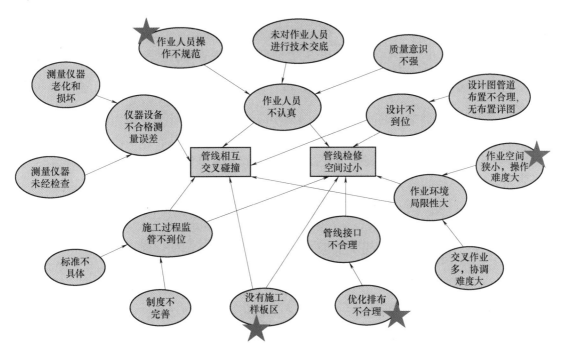

图 5-27　影响管线一次安装合格率因素关联图

注：加★末端因素为主要原因。

5.11　亲和图

1. 基本概念

亲和图（Affinity Diagram）也称 A 型图解（图 5-28），它是 KJ 法（全面质量管理的新七种工具之一）中的一种。它是把收集到的有关某一特定主题的意见、观点、想法和问题，按它们的相互亲近程度加以整理、归类、汇总的一种图示技术。

在 QC 小组活动中，亲和图常用于归纳、整理由头脑风暴法和"诸葛亮会"所产生的各种意见、观点和想法等语言资料。

2. 主要用途

1）对杂乱的问题进行归纳、整理，提出明确的看法和见解。

2）研究新情况、发现新问题，掌握尚未经历或认识的事实，寻找其内在关系。

3）可以打破常规、构思新意，构成新的见解、思想和方法。

4）可以用于既定目标的展开落实，通过决策层与员工共同讨论、研究，发挥集体智慧，贯彻展开措施。

5）用于统一思想，通过将个人的不同意见汇总、归纳，发现意见分歧原因，促进有效合作。

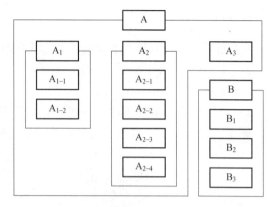

图 5-28　亲和图

3. 应用步骤

（1）确定主题　参加讨论的小组成员最多不应超过 10 人。小组的组织者应用通俗语言（非专业术语）讲明将要讨论研究的问题，并得到每位成员的确认，便于统一思想。

（2）收集语言资料　采用集体讨论、面谈、阅览、独立思考、观察等方法收集语言资料。常见的头脑风暴法是比较有效的语言资料收集方法。

（3）制作语言资料卡片　尽量做到每张卡片只记录一条意见、一个观点和一种想法。这样便可以形成许多卡片。

（4）汇总、整理卡片　反复阅读卡片，把有关联的卡片归在一起，并找出或另外写出一张能代表该组内容的主卡片，把主卡片放在最上面，进行标识分类。按类将卡片中的信息加以登记、汇总。

（5）绘制亲和图　把分类卡片按照相互关系进行展开排列，使各类间位置能清晰地显示出相互关系，并用适当的记号、框线加以标识，绘制出亲和图。

（6）报告结论　根据绘制的亲和图，写出书面分析报告，指明结论。

4. 应用举例

例 5-9　某服装商店经营情况不好，于是设计了调查表征求顾客意见，并召开部分员工座谈会，让大家畅所欲言提意见，共收集语言资料 20 条，见表 5-17。

表 5-17　某服装店收集的意见

序号	意见	序号	意见	序号	意见	序号	意见
1	货架摆放乱	6	低档服装少	11	自选范围小	16	商品有尘土
2	说话不热情	7	尺寸号不全	12	样品陈列少	17	商品落地放
3	接待不及时	8	服务态度差	13	退换没讲清	18	售货员不会推荐商品
4	款式较陈旧	9	面料知识少	14	灯光照明暗	19	售货员扎堆聊天
5	缺少试衣间	10	男服式样少	15	价格定位高	20	下班关门早

从收集的 20 条意见看，有售货员素质低的问题，有商品结构不好的问题，还有其他方面的问题，于是用亲和图来对这些具体意见进行整理、归纳，得到服装商店经营现状亲和图，如图 5-29 所示。

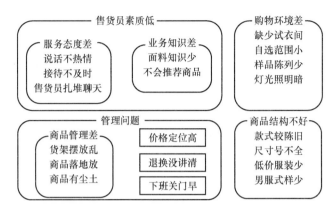

图 5-29 服装商店经营现状亲和图

从亲和图中可以看出,要改变经营现状,需要从提高售货员素质、调整商品结构、改善购物环境和加强商品管理四方面来抓。

5.12 矩阵图

1. 基本概念

矩阵图(Matrix Chart)是以矩阵的形式分析问题与因素、因素与因素、现象与因素间相互关系的图形。一般是把问题、因素、现象放在图中的行或列的位置,而把它们之间的相互关系放在行和列的交点处,并用不同符号表示出它们的相关程度。

常用的相关程度的符号有 3 种:◎表示强相关;○表示弱相关,△表示不相关。

2. 主要用途

1)研究和制订企业的发展战略、方针目标及质量计划等。
2)寻找和发现产品质量问题与材料、设备、工艺、人员、环境等之间的关系。
3)研究和确定产品质量与各管理、职能部门的工作质量间的关系。
4)研究和确定市场及用户对产品质量的要求与企业的管理与工序项目之间的关系。
5)寻找产品开发的着眼点,发现产品质量改进的切入点。

3. 分类

矩阵图大体分为 L 形、T 形、Y 形、X 形、C 形 5 种,其中 L 形是基本型,其他都是在 L 形基础上进行的叠加和组合。在质量管理和 QC 小组活动中使用最多的是 L 形和 T 形。

(1) L 形矩阵图 L 形矩阵图是矩阵图中最基本的形式。一般是将两个对应事项 L 与 R 的元素,分别按行和列排列而成一个矩阵,并在行列的交叉点上标明 L 与 R 元素间的关系。L 形矩阵的基本形式如图 5-30 所示。

L 形矩阵图常用于分析若干个目的(或问题)与为实现这些目的(问题)的若干个手段(原因)之间的关系。

		R								
		R₁	R₂	R₃	R₄	R₅	R₆	R₇	R₈	…
L	L₁				○				○	
	L₂			◎			◎			
	L₃				◎			○		
	…						○			

图 5-30 L 形矩阵图的基本形式

（2）T 形矩阵图 T 形矩阵图是由两个 L 形矩阵图组合而成的，通常其中一个是现象与原因的 L 形矩阵图，一个是原因与要素的 L 形矩阵图，因而常用于分析现象、原因与现象间的关系。T 形矩阵图的基本形式如图 5-31 所示。

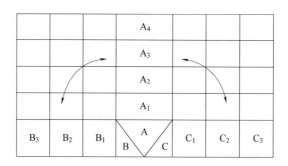

图 5-31 T 形矩阵图的基本形式

4. 应用步骤

（1）确定事项 如性能——原因，或特性——影响因素（工序）等。

（2）选择矩阵图类型 按照选定矩阵图的基本形式制作图形。

（3）选择各个事项的相关因素 按照重要程度或发生频率等顺序填入相应的位置。

（4）分析各元素间的关联关系 分别确定两栏间对应两项内容的关联关系，并根据关联的强弱程度，用相应的符号标记在相应的交叉点上。

（5）确认关联关系 分别以每栏元素为基础，将其与其他项目的关联关系及符号加以确认。

（6）评价重要程度 对各交叉点标记关联符号所表示的强弱程度分别打分，例如◎为 5 分，○为 3 分，△为 1 分。按行和列统计总分，以各栏每项内容得分多少作为其重要程度的定量评价，进而给各个项目以总评价。这种方法适合根据积分来评价重要程度和优先程度的场合。

5. 应用举例

例 5-10 某 QC 小组针对提高异型钢构件安装精度的 3 个要因提出了 6 种方案，并利用 L 形矩阵图进行分析比较，以确定最佳方案，如图 5-32 所示。

第 5 章 质量管理活动中常用的统计方法

序号	要因	对策方案	对策评估				综合得分	选定方案
			有效性	可实施性	经济、时间性	可靠性		
1	吊装就位困难	按轴线位置定位	4	2	2	2	10	×
		按模型放样立体定位	4	4	4	4	16	√
2	构件拼接时尺寸不好控制	直接控制构件尺寸	3	4	3	3	13	×
		拉钢丝及弹出控制线	4	5	3	5	17	√
3	焊接方法不当	改变焊接顺序	4	4	4	5	17	√
		焊缝逐条焊接，跟踪控制	2	4	4	3	13	×

制表人：×××　　　　　　　　　　　　　制表时间：××年××月××日

图 5-32　提高异型钢构件安装精度方案分析矩阵图

5.13　矢线图

1. 基本概念

矢线图（Arrow Diagram）又称网络图、箭条图、矢线图、网络计划图或双代号网络计划图，它是一种用网络的形式来安排一项工程（产品）的日历进度，说明其作业、工序之间的关系，计算作业时间和确定关键作业路线，建立最佳日程计划，高效率地管理作业进度的方法。矢线图源于统筹法的网络计划技术，是为克服进度计划横道图在计划安排上的不足而发展起来的一种多功能的制订和管理计划的图示技术。运用矢线图可以清楚地展示各项作业、工序能否如期完成，以及它们对整体计划进度的影响程度。当其中某项作业、工序提前或延迟，可以迅速量化地展示出对整体计划进度的变化，以确保准确掌握工作进程，有利于从全局出发，统筹安排、抓住关键路线，集中力量，按时或提前完成计划。

矢线图在施工领域应用较为广泛，依据《工程网络计划技术规程》（JGJ/T 121—2015），常用的工程矢线图（计划）类型包括：双代号网络计划、单代号网络计划、双代号时标网络计划、单代号搭接网络计划，下面以双代号网络计划为例介绍矢线图。

2. 一般形式

矢线图由矢线、节点、标注组成，如图 5-33 所示。

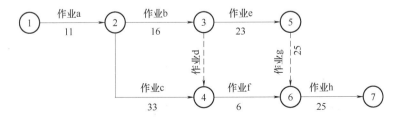

图 5-33　矢线图的一般形式

（1）矢线　矢线（工作）泛指需要消耗人力、物力和时间的具体活动过程，也称工序、活动、作业，每一条矢线表示一项工作。矢线的箭尾节点表示该工作的开始，矢线的箭头节点表示该工作的完成。

矢线图中的每一条实矢线都要占用时间，并多数需要消耗资源。具体到工程建设而言，一条矢线表示项目中的一个施工过程，可以是一道工序、一个分项工程、一个分部工程或一个单位工程。有时，为了正确地表达矢线图中各个工作之间的逻辑关系，常常需要应用虚矢线。虚矢线是实际工作中并不存在的一项虚设工作，不占用时间且不消耗资源，一般起着工作之间的联系、区分和断路作用。

（2）节点　节点又称结点、事件。节点是矢线图中矢线之间的连接点。在时间上节点表示指向某节点的工作全部完成后该节点后面的工作才能开始的瞬间，它反映前后工作的交接点。节点分为起点节点、终点节点和中间节点。节点应用圆圈表示，并在圆圈内标注编号。一项工作应当只有唯一的一条箭线和相应的一对节点，且要求箭尾节点的编号小于箭头节点的编号，节点自编号顺序从小到大，可不连续，但不允许重复。

（3）标注　标注是指在箭线上、下的标注。一般工作名称和工作代号可标注在矢线的上方，完成该项工作所需要的持续时间可标注于矢线的下方，如图5-34所示。

（4）线路　网络图中从起始点开始，沿箭头方向顺序通过一系列箭线与节点，最后达到终点节点的通路称为线路。一个矢线图中可能有多条线路，可依次用该线路上的节代号来记述，线路中各项工作持续时间之和就是该线路的长度，即线路所需的时间。例如，图5-33所示网络计划中有3条线路：①→②→③→④→⑥→⑦、①→②→④→⑥→⑦、①→②→③→⑤→⑥→⑦。在各条线路中，有一条或几条线路的总时间最长，称为关键线路，一般用双线或粗线标注。其他线路长度均小于关键线路，称为非关键线路。

图5-34　双代号网络计划标注

3. 应用范围

1）新产品开发日程计划的制订和改善。
2）试产阶段计划的制订及管理。
3）量产阶段计划的制订及管理。
4）工程安装、维修计划和管理。
5）较复杂活动的筹办及计划的管理。

4. 应用步骤

（1）确定目标和约束条件　确定要实现的目标（如应完成的项目与工期）以及企业资源、环境等的约束条件。

（2）项目分解　将整个项目用系统方法逐层分解，直到可以实施管理的子项目为止。

（3）编制作业一览表　根据项目分解得出的子项目编制作业一览表。

（4）确定作业顺序　按照技术上的要求和资源条件（人力、机器、原料）的许可，确定各个作业的先后次序，由小到大进行编号。

（5）矢线图的绘制　矢线图可手编绘制也可在计算机上实现。

1）根据作业一览表和作业顺序，绘制矢线图。用矢线"→"代表某项作业过程，如0→①、①→②等。矢线杆上方可标出该项作业内容，下方可标出过程所需的时间数，作业时间单位常以日或周表示。

2）绘制矢线图时节点与矢线的关系如下：

① 进入某一节点的各项作业必须全部完成，该节点所表示的事件才能出现。

② 某一节点出现后，由该节点引出的各项作业才能开始。

3）两个节点之间只能有一项作业。当两个节点间有两项或以上可以平行进行的作业时，其他一项或几项则用虚矢线表示的虚拟作业来连接，说明该两节点间存在的逻辑关系。

4）对于小型项目，绘制一张总图即可；而对于大型项目，需先按子系统分别绘制，然后将各个接口衔接而汇成总矢线图。

5）在实施过程中还要进行分析和调整。

6）确定各项作业过程时间，可用经验估计法（又称三点估计法）求出。通常，作业时间按三种情况进行估计：

① 乐观估计时间，用 n 表示；

② 悲观估计时间，用 b 表示；

③ 正常估计时间，用 m 表示。

则：经验估计作业时间 $= (n + 4m + b)/6$

例如，对某一作业过程的时间估计 n 为 2 天，b 为 9 天，m 为 4 天，用三点估计法估算的作业时间为 $(2 + 4 \times 4 + 9)$ 天 $/6 = 4.5$ 天

7）绘出矢线图。如图 5-35 为某一项目的矢线图。

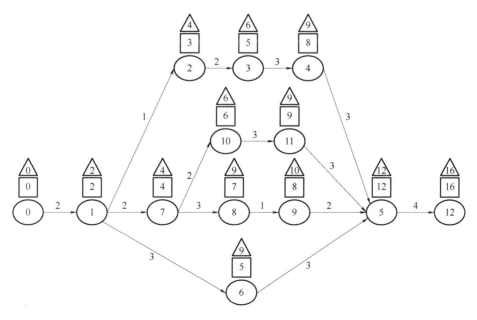

图 5-35　矢线图

8）各节点时间计算。矢线图时间的计算，包括最早开工时间（ES）、最早完工时间（EF），最晚开工时间（LS）、最晚完工时间（LF）和总时差（TS）等。用以确定关键路线，进行进度的优化。

① 计算每个结合点上的最早开工时间。某节点上的最早开工时间，是指从始点开始顺箭头方向到该结合点的各条路线中，时间最长的一条路线的时间之和。例如，图5-35从始点到节点⑤就有四条路线：

这四条路线的时间之和分别为：11，8，10，12（图5-36），所以节点⑤的最早开工时间为12，通常可写在方框内表示。其他各节点最早开工时间的计算同理。

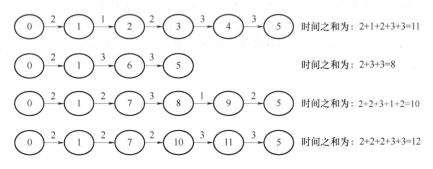

图 5-36　线路时间

② 计算每个节点上的最晚开工时间。某节点上的最晚开工时间，是指从终点逆箭头方向到该节点的各条路线中时间差最小的时间，如图5-35中的节点①。从终点到①有四条路线（图5-37）：

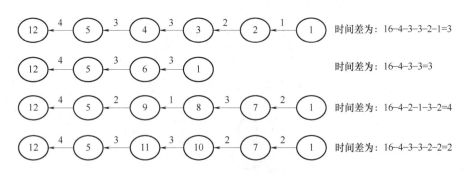

图 5-37　线路时间差

这四条路线的时间差分别为：3，3，4，2，所以节点①的最晚开工时间为2。通常可将此数写在三角形内表示。其他各节点的最迟开工时间计算同理。

③ 计算时差，时差是指在同一节点上最早开工时间与最晚开工时间之间的时间差。

④ 找出关键线路。有时差的节点，对工程的进度影响不大，属于非关键工序。无时差或时差最少的节点就是关键工序。把所有的关键工序按照工艺流程的顺序连接起来，就是这项工程的关键线路。表5-18是根据图5-33进行计算得出的矢线图法时间计划表，从表中可以看出，a、b、e、g、h是关键工序，a→b→e→g→h是关键线路。

表 5-18　矢线图法时间计划表

工序	节点	作业时间	最早开工时间	最晚开工时间	最早完成时间	最晚完成时间	时差	是否关键工序
a	①→②	11	0	0	11	11	0	是
b	②→③	16	11	11	27	27	0	是
c	②→④	33	11	36	44	69	25	否
e	③→⑤	23	27	27	50	50	0	是
f	④→⑥	6	44	69	50	75	25	否
g	⑤→⑥	25	50	50	75	75	0	是
h	⑥→⑦	25	75	75	100	100	0	是

5. 应用实例

例 5-11　为了在 QC 小组课题活动的对策实施过程中合理安排时间，发挥最大的效率，某 QC 小组人员通过对策实施矢线图对各项对策的实施进度进行管理控制（图 5-38），时间单位为天，同时计算了各个工序最早开始时间、最早完成时间、最晚开始时间、最晚完成时间，以及总时差。矢线图作业时间计算表见表 5-19。

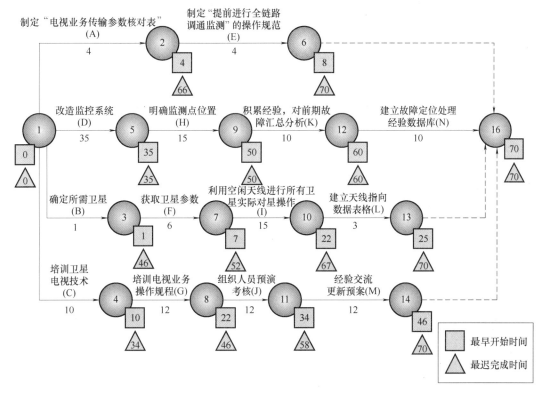

图 5-38　对策实施进程矢线图

表 5-19　矢线图作业时间计算表

工序代号	节点号	作业时间	最早开始时间	最早完成时间	最迟开始时间	最迟完成时间	总时差
A	①→②	4	0	4	62	66	62
B	①→③	1	0	1	45	46	45
C	①→④	10	0	10	24	34	24
D	①→⑤	35	0	35	0	35	0
E	②→⑥	4	4	8	66	70	62
F	③→⑦	6	1	7	46	52	45
G	④→⑧	12	10	22	34	46	24
H	⑤→⑨	15	35	50	35	50	0
I	⑦→⑩	15	7	22	52	67	45
J	⑧→⑪	12	22	34	46	58	24
K	⑨→⑫	10	50	60	50	60	0
L	⑩→⑬	3	22	25	67	70	45
M	⑪→⑭	12	34	46	58	70	24
N	⑫→⑯	10	60	70	60	70	0

通过计算时差，可找出其中的关键工序项为：D、H、K、N；关键路线为：①→⑤→⑨→⑫→⑯（见图 5-38 粗线部分）。

6. 网络图注意事项

1）应用网络图要注意指向某节点的工作全部完成后，该节点的工作才能开始（有结束才有开始）。

2）平行作业，不多花时间。

3）一个作业只能用一个箭头，顺序一般从左向右，不得有回路。

4）行不通的程序应用虚箭头表示，并注明原因。

5）在实施过程中，发生新情况、新问题时，应及时采取新程序。

5.14　PDPC 法

1. 基本概念

PDPC 法（Process Decision Program Chart）又称过程决策程序图法。源于运筹学和系统理论的思想方法，是指为实现某一目进行多方案设计，以应付实施过程中产生的各种变化的一种计划方法。在动态实施过程中，随着事态发展所产生的各种结果及时调整方案，运用预先安排好的程序，确保达到预期结果和目的。通俗地讲，就是事先预测各种困难，"多做几手准备"，并提出解决方案（如应急预案）。PDPC 法主要有以下基本特征：

1）掌握全局。

2）动态管理。

3）兼具预见性和临时应变性。

4) 提高目标的达成率。

5) 具有可追溯性。

6) 使参与人员的构想、创意得以充分发挥。

2. PDPC 法的基本形式

PDPC 法的基本形式如图 5-39 所示。A_0 表示初始状态，$A_1 \sim A_n$、$B_1 \sim B_n$、$C_1 \sim C_n$ 和 $D_1 \sim D_n$ 分别表示不同方案的具体实施 Z 表示目的，A_0 与 Z 之间是几种不同的方案设计。从初始状态 A_0 开始，实施 $A_1 \rightarrow A_2 \rightarrow A_3 \rightarrow A_4 \rightarrow \cdots \rightarrow A_n$ 来实现目的是最佳的方案，但预计其项目实施的把握性不大，如果实施不顺利，则改用 $B_1 \rightarrow B_2 \rightarrow B_3 \rightarrow B_4 \rightarrow \cdots \rightarrow B_n$ 这一方案。

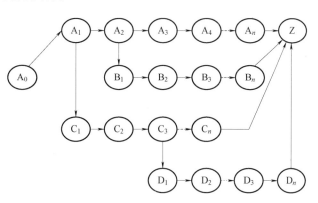

图 5-39　PDPC 法的基本形式

假如工作刚开始到 A_1 时就受到严重阻碍，则只有使用 $C_1 \rightarrow C_2 \rightarrow C_3 \rightarrow C_4 \rightarrow \cdots \rightarrow C_n$ 这一方案，此方案虽不如前两个方案，但也还是能够达到目的的。在这一方案的实施中，一旦 C_3 受阻，则从 C_3 转入 C_3 转入 $D_1 \rightarrow D_2 \rightarrow D_3 \rightarrow D_4 \rightarrow \cdots \rightarrow D_n$ 这一方案，也是能够实现目的的。

PDPC 法一般有以下两种思维：

(1) 顺向思维法　顺向思维法是定好一个理想的目标，然后按照顺序考虑实现目标的手段和方法。这个目标可以是比较大的工程（产品）、一项具体的革新、一个技术改造方案等，为了稳步达到目标，需要设想很多条线路。总之，无论怎么走，一定要走到目的地，但行走的方案并不需要真正等到"碰得头破血流"以后才去解决，事先预测所有可能出现的问题，确保计划得到顺利实施。

(2) 逆向思维法　当 Z 为理想状态（或非理想状态）时，从 Z 出发，逆向而上，从大量的观点中展开构思，使其和初始状态 A_0 连接起来，详细研究其过程并做出决策，这就是逆向思维法（图 5-40）。逆向思维应该考虑从理想状态开始，实现目标的前提是什么，为了满足这个前提又应该具备什么条件，一步一步倒推，一直退到出发点。

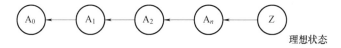

图 5-40　逆向思维法

通过正反两个方面的连接，倒着走得通，顺着也可以走通，这就是 PDPC 法一种正确的思考方法。

3. 主要用途

PDPC 法的使用广泛，从家庭乘车、买菜，到国家发展计划的实施；从医生做手术到军事战术方案的制订，都可以采用这种方法做预先准备。PDPC 法的主要用途如下：

1) 方针目标管理中实施项目的计划拟定。

2）新产品、新技术开发的计划决定。

3）施工组织设计方案拟定。

4）制造中不良现象的防止及对策拟定。

5）攻关课题的实施方案拟定。

6）组织均衡生产。

7）组织材料供应。

8）重大事故预测及防止。

9）制订双边或多边谈判方案。

4. 应用步骤

1）提出实现目标值的实施方案，作为小组的议题。

2）小组成员用"否定法"方式，对提出的方案逐项进行可行性分析，充分预测可能的后果，并提出各种新的可行性方案。

3）综合考虑时间顺序、经济性、可靠性、难易程度和效果等方面，对各种方案进行优选、排队，按照基本图形的模式安排过程决策程序方案。

4）制订方案实施的保证措施，明确责任者、信息传递方式和资源配置。

5）课题组长在方案实施过程中始终把握实施动态，及时调整方案，不断修订 PDPC 图，直至实现小组目标。

5. 应用举例

例 5-12 某设备维修 QC 小组制订减少设备停机影响，保证设备 QC 小组均衡生产的 PDPC 图，如图 5-41 所示。

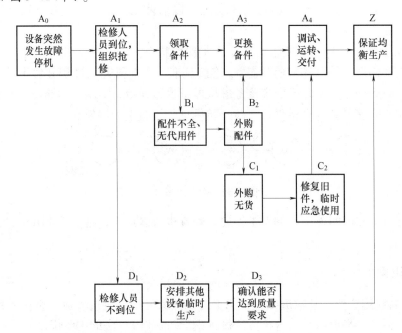

图 5-41 设备 QC 小组保证均衡生产的 PDPC 图

6. 注意事项

1）PDPC 法无论是正向构思还是反向构思，都是用"否定式"提问法完善和优化程序。

2）最终实现理想目的只实施一个方案。正向构思动态管理时，是实施一个可行方案，反向构思完善思维时，是实施最后一个最优方案。

3）必须以动态发展所产生的结果来调整动态管理的 PDPC 方案。

4）使用 PDPC 方案进行动态管理时，应做好各种方案的资源配置，力争实现第一方案。

5）PDPC 法的形式多种多样，应依问题的性质、种类不同而有所区别。

5.15 矩阵数据分析法

1. 基本概念

矩阵数据分析法（Matrix Data Analysis Chart）是在矩阵图的基础上发展起来的。矩阵图常用于定性分析，而矩阵数据分析法则多用于定量分析。当矩阵图各要素间的关系能定量表示（即交点的相关关系能用数据表示）时，则采用矩阵数据分析法。我们可以构造关系矩阵，通过矩阵的计算、变换和整理、分析来准确描述因素间的数量关系。

2. 用途

1）对由复杂因素组成的工序进行质量分析。
2）对包含大量数据的质量问题进行相关因素的分析。
3）对市场调查数据进行分析，明确用户的质量要求。
4）对质量问题进行评价。
5）对感观检查的结果进行进一步的分析。

矩阵数据分析法也可以和其他工具结合使用，深入分析：

1）与亲和图联合使用。可以利用亲和图把相关要求归纳成几个主要的方面，然后用矩阵数据分析法进行比较，汇总统计，对各个方面进行重要性的定量排序。

2）与过程决策程序图法联合使用。用过程决策程序图找出几个决策方案，通过矩阵数据分析法确定哪个决策更适合实施。

3）与质量功能展开联合使用。用矩阵数据分析法对各因素进行比较，确定重要程度顺序；再针对结果用质量功能展开确定具体产品或某个特性的重要程度。

3. 应用步骤

1）确定需要分析的各个因素。
2）组成数据矩阵。
3）计算相关系数矩阵。
4）根据相关系数矩阵求特征值和特征矢量。

5）分析。
6）绘图。

矩阵数据分析法是作为一种"储备工具"提出来的，由于应用这种方法需要借助电子计算机来求解且计算复杂，目前并未得到广泛应用，在QC小组活动中应用甚少，所以在此只做简单介绍，供读者了解。

5.16 简易图表

1. 折线图

折线图也叫波动图。常用来表示质量特性数值随时间推移而波动的状况。

例5-13 某公司异型钢构件安装精度合格率对比折线图如图5-42所示。

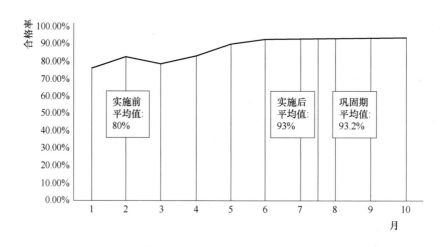

制图人：×××　　　　　　　　　制图时间：××年××月××日

图5-42 异型钢构件安装精度合格率对比折线图

2. 柱状图

柱状图是用长方形的高低来表示数据大小，并对数据进行比较分析的图形。

例5-14 某QC小组绘制的缩小通信业务通道故障率对比柱状图，以此对活动后的效果和目标值与活动前进行对比（图5-43）。

3. 饼分图

饼分图也叫圆形图，它是把数据的构成按比例用扇形面积来表达的图形。各个扇形面积表示的百分率加起来是100%，即整个图形面积。

绘制饼分图时注意从图形的正上方位置起，将数据从大到小顺时针布置各个扇形。

第 5 章　质量管理活动中常用的统计方法

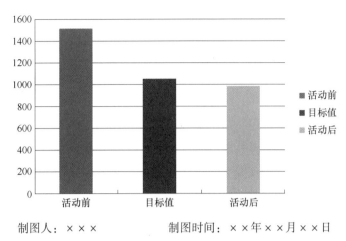

制图人：×××　　　　　　　　制图时间：××年××月××日

图 5-43　活动前后通信业务通道故障率对比柱状图

例 5-15　某 QC 小组绘制的影响连体双煤斗对接合格率原因的饼分图如图 5-44 所示。

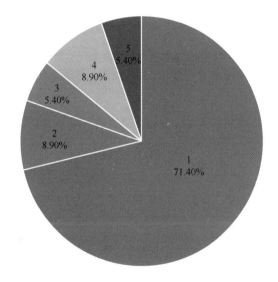

1—煤斗分段安装上、下段错口　2—煤斗下口与给煤机对接错位
3—煤斗支座标高偏差大　4—煤斗盖落煤口与落煤管对接错位
5—煤斗上、下段对接焊缝有飞溅物

制图人：×××　　　　　　　　制图时间：××年××月××日

图 5-44　影响连体双煤斗对接合格率原因饼分图

4. 雷达图

雷达图是模仿电子雷达机图像形状的一种图形，常用来检查工作成效。

雷达图的简要画法如下：一般可用极坐标纸，根据要检查的若干项目数，从坐标原点（圆心）引出若干条射线，同时确定 3 条圆弧线分别表示被检查项目的理想水平、平均水平和不理想水平。以 3 条圆弧中相邻的两条中心线为界，把圆内分出 A、B、C 3 个区域（图 5-45）。在圆心引出的射线上标明指标名称，把实际情况（检查结果）根据比例在图中坐标上点出相应的点,连接各个点形成一个闭环的折线。闭环折线的形状反映出被检查项目的总状况和特点。

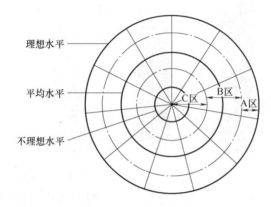

图 5-45　雷达图图形

例 5-16　某 QC 小组根据活动前后综合素质评价表(表 5-20)绘制出小组活动前后综合素质对比雷达图,使用前制订评价标准。使用时根据实际情况给予评分(图 5-46)。

表 5-20　活动前后综合素质评价表

序　号	评价内容	活动前(分)	活动后(分)
1	团队精神	73	96
2	质量意识	82	97
3	创新意识	76	93
4	活动积极性	82	98
5	QC 知识	76	90
6	进取精神	76	95

制表人:×××　　　　　　　　　　　　　　制表时间:××年××月××日

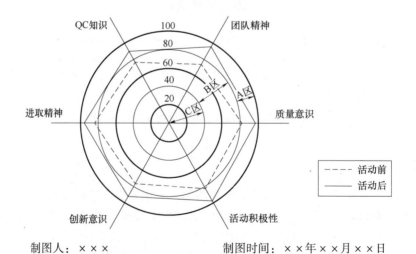

图 5-46　小组活动前后综合素质评价雷达图

5.17 正交试验设计法

1. 基本概念

正交试验设计法（Orthogonal Experimental Design）简称正交试验法，是一种研究多因素多水平的设计方法，它是根据正交性从全面试验中挑选出部分有代表性的点，利用正交表来合理安排试验的一种方法。它在质量管理和QC小组活动中有着十分广泛的应用。

安排任何一项试验，首先要明确试验的目的是什么，用什么指标来衡量考核试验的结果，对试验指标可能有影响的因素是什么；为了搞清楚影响的因素，应当把因素选择在哪些水平上，以便合理有效地安排试验，实现目标。

（1）指标　指标就是试验要考察的效果，能够用数量表示的试验指标称为定量指标，如重量、尺寸、时间、温度等。不能用数量表示的试验指标称为定性指标，如颜色、外观等。

在正交试验中，主要涉及的是定量指标，常用 X、Y、Z……来表示。

（2）因素　因素指对试验指标可能产生影响的原因，是在试验中考察的重点内容，一般用字母 A、B、C……来表示。在试验中，能够人为控制和调节的因素称为可控因素，如时间、温度、重量等；由于受到试验条件的限制，暂时还不能人为控制和调节的因素称为不可控因素，如机器轻微振动、自然环境变化等。

在正交试验中，一般只选取可控因素参加试验。

（3）位级　位级又叫水平，是指因素在试验中所处的状态或条件。对于定量因素，每一个选定值即为一个位级，常用阿拉伯数字 1、2、3……来表示。在试验中需要考察某因素的几种状态时，则称该因素为几位级（水平）的因素。

2. 正交表及其性质

（1）正交表　设计安排正交试验时需要用到一类已经制作好的标准化表格，这类表格称为正交表。它是正交试验法的基本工具，分中国型和日本型两种，常用的是中国型。

最简单的正交表是 $L_4(2^3)$ 正交表，由 4 行、3 列、2 水平组成，其格式见表 5-21。

表 5-21　$L_4(2^3)$ 正交表

行（试验）号	列　号		
	1	2	3
1	1	1	1
2	2	1	2
3	1	2	2
4	2	2	1

$L_4(2^3)$ 的含义如图 5-47 所示。

（2）正交表的性质　正交表有两种性质：均衡分散性和整齐可比性，正是这两种性质决定了正交试验效率高、效果好的特点。

1）均衡分散性。由于每一列中各种字码出现相同的次数，这就保证了试验条件均衡地分散在配合完全的位级（水平）组合之中，因而代表性强，容易出现好条件。

2）整齐可比性。由于任意两列中全部有序数字对出现相同的次数，即对于每列因素，在各个位级（水平）的结果之和中，其他因素各个位级（水平）的出现次数都是相同的。这就保证了在各个位级（水平）的效果之中，最大限度地排除了其他因素的干扰，因而能够获得最有效的比较效果。

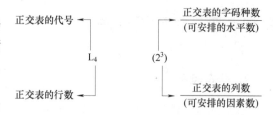

图 5-47 正交试验表记号的含义

3. 常用步骤

常用正交试验设计与分析的步骤如下：

1）明确试验的目的。
2）确定考察的指标。
3）确定试验的因素和位级（水平）。
4）利用常用正交表设计试验方案。
5）实施试验方案。
6）分析试验结果。
7）反复调整试验以逼近最优方案。
8）生产验证及确认最优方案。
9）结论与建议。

4. 应用举例

例 5-17 2×1000MW 机组工程主厂房上部结构混凝土等级设计为 C60 高强混凝土。

（1）试验目的　配制 C60 高强混凝土。

（2）试验考核指标　配制强度高于 69.9MPa，根据《普通混凝土配合比设计规程》（JGJ 55—2011），标准差取 6.0MPa。

（3）试验因素　经过方案比选、试验，确定了 C60 高强混凝土配制原材料选择最佳方案，具体如下：

1）水泥：选用 P.O52.5 普通硅酸盐水泥。
2）粉煤灰：×××电厂Ⅰ级粉煤灰。
3）石子：选用 5~20mm 石子。
4）砂子：选用××建材砂子。
5）外加剂：选用聚羧酸系高性能减水剂。

经研究和分析，确定 4 个因素，即水泥、砂率、外加剂及粉煤灰。

小组成员为了综合考虑水泥总量、砂率、外加剂用量（外加剂用量决定了单方混凝土的用水量）及粉煤灰掺量对混凝土强度、工作性及经济性的影响。根据以上试拌结果及

《普通混凝土配合比设计规程》（JGJ 55—2011）的要求，对水泥总量、砂率、外加剂用量及粉煤灰掺量进行，具体调整如下：

水泥： A_1：500kg　　A_2：515kg　　A_3：530kg

砂率： B_1：41%　　B_2：42%　　B_3：43%

外加剂用量： C_1：0.9%　　C_2：1.0%　　C_3：1.1%

粉煤灰掺量： D_1：15%　　D_2：17%　　D_3：19%

（4）确定位级　试验中将每项因素按标准范围确定3个位级进行试验，见表5-22。

（5）制作正交实验表　正交表见表5-23。

表5-22　因素位级表

因素 位级	水泥（kg） A	砂率（%） B	外加剂（%） C	粉煤灰掺量（%） D
位级1	500	41	0.9	15
位级2	515	42	1.0	17
位级3	530	43	1.1	19

制表人：×××　　　　　　　　　　　　　　　　　　制表时间：××年××月××日

表5-23　正交表 $L_9(3^4)$

因素 试验号	水泥（kg） A	砂率（%） B	外加剂（%） C	粉煤灰掺量（%） D	试验结果 强度（MPa）
1	1（500）	1（41）	3（1.1）	2（17）	70.7
2	2（515）	1（41）	1（0.9）	1（15）	65.7
3	3（530）	1（41）	2（1.0）	3（19）	72.6
4	1（500）	2（42）	2（1.0）	1（15）	67.1
5	2（515）	2（42）	3（1.1）	3（19）	69.1
6	3（530）	2（42）	1（0.9）	2（17）	70.2
7	1（500）	3（43）	1（0.9）	3（19）	62.4
8	2（515）	3（43）	2（1.0）	2（17）	70.3
9	3（530）	3（43）	3（1.1）	1（15）	74.6★
位级1之和	200.2 (70.7+67.1+ 62.4)	209 (70.7+65.7+ 72.6)	198.3 (65.7+70.2+ 62.4)	207.4 (65.7+67.1+ 74.6)	
位级2之和	205.1 (65.7+69.1+ 70.3)	206.4 (67.1+69.1+ 70.2)	210 (72.6+67.1+ 70.3)	211.2 (70.7+70.2+ 70.3)	因素重要 程度次序： $A \to C \to D \to B$
位级3之和	217.4 (72.6+70.2+ 74.6)	207.3 (62.4+70.3+ 74.6)	214.4 (70.7+69.1+ 74.6)	204.1 (72.6+69.1+ 62.4)	
极差R	17.2 (217.4−200.2)	2.6 (209−206.4)	16.1 (214.4−198.3)	7.1 (211.2−204.1)	

制表人：×××　　　　　　　　　　　　　　　　　　制表时间：××年××月××日

（6）观察结果 第 9 号试验最好,结果为 74.6MPa,工艺条件为 A_3、B_3、C_3、D_1。

（7）分析计算 由位级之和看出最好的工艺条件应是 A_3、B_1、C_3、D_2；从极差的大小看出因素重要程度的次序：A→C→D→B。

（8）综合评定 观察结果与分析计算结果有差异,但其重要因素 A、C 是一致的,为 A_3、C_3；次要因素 D 要在 D_2、D_1 中选取,由于 D_2 好于 D_1,选 D_2；而 B 在 B_1 和 B_3 中选取,B 越大,混凝土强度越合理,为此选 B_1。

经综合评定其最佳工艺组合可望是：A_3、B_1、C_3、D_2。

（9）验证试验 通过正交试验法,小组决定选用下列配比配制 C60 高强混凝土：

水泥：P. 052.5 普通硅酸盐水泥 530kg；砂子：掺砂率 41%；外加剂：聚羧酸系高性能减水剂 1.1%；粉煤灰：Ⅰ级粉煤灰 17%；石子：选用 5~20mm 石子。

验证结果是：C60 高强混凝土平均强度达到 74.6MPa,符合《普通混凝土配合比设计规程》的要求。

（10）结论与建议 通过实际验证可知,这是一个较好的方案,它解决了现场有效配制 C60 高强混凝土的问题。

5. 注意事项

运用正交试验法时要注意以下事项：

1）不应随便选取非正交表进行正交试验。

2）当选用日本型正交表做试验时,则应按日本型正交试验的程序、方法进行试验设计与分析；当选用中国型正交表做试验时,则应按中国型正交试验的程序、方法进行试验设计与分析。二者不能混用。

3）试验前要确定考察指标,对于多项考察指标要分清主次,并设法使之变成单项考察指标,可采用综合评分等方法。

4）在进行正交试验设计时,应有充分多的考察因素、位级（水平）。尽量避免由于漏掉重要因素和位级（水平）,造成人力、财力、物力等资源的浪费。

5）在试验实施的过程中,要将因素位级（水平）严格控制在规定的位级（水平）变化精度内。对非考察因素应实施标准化作业,最大可能地排除非考察因素的异常波动给试验结果带来的干扰。

6）正交试验设计不是一次简单利用正交表就可以顺利取得成功的,而应多次反复利用正交表才能取得较佳效果。在第一轮试验结束后,要根据"重要因素有苗头处加密"和"次要因素综合确定"的原则,结合展望条件,安排第二轮试验,也就是调优试验。经过多轮反复试验,逐步逼近最优条件组合。

7）试验结果的测试技术和手段的精度要有保证,计算应正确无误,避免发生分析失误。

5.18 优选法

1. 基本概念

优选法（Optimization Method）是指以数学原理为指导,合理安排试验,以尽可能少的试验次数尽快找到生产、服务和科学试验中最优方案的科学方法。通常在 QC 小组活动中运用简单的计算或对分的方法,实现以较少的试验次数,找到最适宜的生产、实验条件,取得最优的效果。优选法使用有效,简单易学,成为寻找最佳配方、最佳工艺条件、最优工艺参数等解决质量问题的有效方法。

2. 用途

1)现场质量改进活动中单因素的分析、试验及选择。
2)QC 小组活动中要因确认、对策选择与实施。
3)QC 小组创新型成果活动课题的方案选择和步骤实施等。

3. 常用方法

优选的方法很多,这里介绍常用的两种方法:对分法和黄金分割法。

(1)对分法　对分法又称为取中法、平分法、对折法,即每次试验因素的取值都为前两次试验取值的中点。计算公式:

$$X = (a+b)/2$$

式中　X——本次试验因素的取值;

　　　a、b——前两次试验对该因素的取值。

根据试验结果,判断本次试验的取值是偏高还是偏低,就将中点以上的一半或者中点以下的一半去掉,这样对因素需要考察的范围就减少了一半。如此再进行试验,每次都可将因素值的范围缩减一半。随着试验的不断进行,可以很快找到因素的最佳取值。

(2)黄金分割法(0.618 法)　黄金分割法以试验范围的 0.618 处及其对称点作为试验点的选择而得名。两个试验点试验结果比较后留下较好的点,去掉较坏的点所在的一段范围,再在余下范围内继续用 0.618 法找好点,去掉坏点,如此继续下去,直至达到最优,即黄金分割点。

黄金分割法类同于对分法,但计算上比对分法略显复杂,它是以试验范围的 0.618 处及其对称点取值选择试验点,因此它比对分法更精确些。QC 小组可根据改进项目的质量特性分别选取,灵活应用。

运用黄金分割法时,第一个试验点安排在试验范围(a、b)的 0.618 处;第二个试验点安排在第一点的对称位置上。这两点的数学表达式是:

$$X_1 = a + 0.618(b-a)$$
$$X_2 = a + b - X_1$$

第一次试验做完后,将点的试验结果进行比较:

(1)如果 X_1 点比 X_2 点好,则将(a,X_2)的试验范围去掉,留下好点所在的范围(X_2,b),在此范围内再找出 X_1 的新的对称点 X_3 的位置(图 5-48)。

$$X_3 = X_2 + b - X_1$$

(2)如果 X_1 点比 X_2 点差,则把差点所在的范围(X_1,b)去掉,留下好点所在的范围(a,X_1),并在其中找出 X_2 的新的对称点 X_3 的位置(图 5-49)。

$$X_3 = a + X_1 - X_2$$

在留下的新的试验范围内又有两个试验点可以比较,一个是新的试验点的结果,另一个

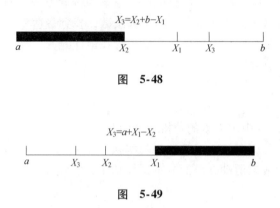

图 5-48

图 5-49

是原来好点的结果。通过试验对比后又可以留下好点，去掉坏点，试验范围又进一步缩小。随着试验次数的不断增加，试验范围也不断地缩小，如此将"留好点，去坏点，取新点，再找好点"的过程继续下去，就可以较快地找到试验范围内的最佳点。

4. 应用步骤

1）明确目的。明确针对什么项目进行试验。
2）明确影响因素，如重量、长度、温度、角度、时间等。
3）明确试验方法，如用什么方法试验，用什么手段检验。
4）明确指标。以指标判断优选的程度。
5）计算试验点，并进行反复试验测试。
6）比较。对每次试验结果进行分析比较，直到实现试验目标。
7）验证。对试验结果进行验证分析。

5. 注意事项

1）优选法只适用于质量问题的单因素试验选择，多因素质量问题选择试验应选择其他方法，如正交试验法等。
2）应用优选法，要有明确的项目、目标和考察指标。
3）优选法的最佳值要经过反复试验后才能获得，一般经 3~8 次试验后均能出现好的结果。但精度高、公差范围较小的质量特性值指标建议用黄金分割法，试验选择的次数有时会多一些，假如试验中一直没有出现好的试验点，则应继续试验下去，最多试验 16 次就可得到满意的结果。

5.19 水平对比法

1. 基本概念

水平对比（Bench Marking）法是欧美各国常用的一种技术，我国港台地区称为"标杆管理"。

水平对比是将过程、产品和服务质量同公认的处于领先地位的竞争者进行比较，以寻找自身质量改进的机会。运用水平对比法，有助于认清目标并确定与标杆间的差距，为赶超标杆找到突破重点。

水平对比在确定企业质量方针、质量目标和质量改进中都十分有用。

2. 应用步骤

（1）确定对比的项目　对比项目应是过程及其输出的关键特性，如性能、可靠性、成本、价格、油耗量等。过程输出的对比应直接同顾客的需要联系起来。选择的项目不能过于庞大，不然会导致最后无法实施。

（2）确定对比的对象　对比的对象可以是直接的竞争对手，也可以是行业内或类似产品（服务）提供企业中的标杆企业，其有关项目、指标是公认的领先水平。

（3）收集资料　可通过直接接触、考察、访问、人员调查或公开刊物、广告等途径，获取有关信息、资料和数据。

（4）归纳、整理和分析数据　将获得的数据进行分析对比，以明确与领先者的差距，针对有关项目制订最佳的改进目标。

（5）进行对比　与确定的对比对象就对比项目有关质量指标进行对比，根据结果发现自身的不足，以及应做质量改进的内容，便于有针对性地制订和实施改进计划。

3. 应用举例

例 5-18　某建筑施工企业提高现浇混凝土结构表面观感质量，对模板安装质量进行调查，非直埋 PPR 热水管道渗漏点水平对比表见表 5-24，以便通过对模板安装班组质量水平的对比，进一步明确了改进方向，并实施了改进措施。

表 5-24　非直埋 PPR 热水管道渗漏点水平对比表

序 号	班组名称	模板拼接不严密（点）	埋件加固方法不当（点）	模排版不当（点）	防错台措施不当（点）	合计（点）
1	A 班组	10	2	0	2	14
2	B 班组	8	3	1	1	13
3	C 班组	7	2	2	0	11
4	D 班组	9	1	1	1	12
5	合计	34	8	4	4	50

制表人：×××　　　　　　　　　　　　　　　　制表时间：××年××月××日

5.20　头脑风暴法

1. 基本概念

头脑风暴（Brain Storming）法又被译为脑力激荡法，是引导小组成员创造性地思考、产生和澄清大量观点、问题或议题的一门技术。

头脑风暴法是由美国 BBDO 广告公司的副经理奥斯本为提出广告新设想而创立的一种会议方式。他把人召集起来，就广告新设想这个议题，在和谐的氛围下，自由、无拘无束地发表意见，通过互相启发、举一反三激发每个人的思想火花，产生连锁反应，是发挥集体智慧的一种方法。

头脑风暴法是建立在以下理念之上的：人体约有 140 亿个脑细胞，而经常使用的、有思维机能的脑细胞仅为 10%（约 14 亿个），其余的 90% 脑细胞处于休眠状态，也就是人们的潜力远远没有被挖掘出来。通过刺激那些休眠脑细胞，使其复苏并发挥思维机能，就可以达到创造更多智慧的目的。"头脑风暴法"一词的含义就是用暴风猛击脑细胞，激活头脑潜能。

应用头脑风暴法可达到以下效果。

（1）尽可能地发挥小组的创造力　先由一个人发言，提出一个建议，抛砖引玉，启发大家的灵感，产生连锁反应效果。

（2）提高创造力　对于那些没有自信的人，通过头脑风暴法，使其获得满足感，从而达到全员参与思考、产生智慧火花的目的，树立起"只要做就能成"的信心。

（3）促进相互间的理解　创造畅所欲言的氛围，形成良好的沟通渠道，改善人际关系，达到提高积极性的间接效果。

2. 用途

头脑风暴法是发挥集体智慧的方法，能创造出更多的智慧，因此常用于新产品、新工艺、新材料的开发。在 QC 小组活动中，被广泛应用于"创新型"课题的选题、提出多种方案等。在问题解决型 QC 小组活动中，常用于选择课题、原因分析、制订对策等程序中。

3. 注意的问题

要达到头脑风暴法的理想效果，在召开头脑风暴会议时要掌握以下关键点。

（1）绝对不用好与差进行评判　当遭到批评后，人一般就会不愿再说出未说完的话。因此，不要计较建议内容的优劣，不要指责别人的发言是否妥当，也不要加以赞扬。

（2）倡导自由奔放　鼓励出新出奇，哪怕异想天开，要的是自由自在，畅所欲言。

（3）轻质求量　首先要确保建议的数量，建议的质量是第二位的，因为数量是质量的铺垫，应力求在较短的时间内提出最大量的建议。

（4）综合性地提炼升华他人的提案建议　建议之间的取长补短极为重要，通过融合，能产生出新的智慧，因此搭乘他人的智慧快车不失为一种捷径。

5.21　流程图

1. 基本概念

流程图（Flow Chart）是将完成一个过程（如工艺过程、检验过程、质量改进过程等）

的步骤用图的形式表示出来，通过对一个过程中各步骤之间关系的研究，发现问题的潜在原因，找到需要进行质量改进的环节。

流程图可以用于从材料流向产品销售和售后服务的全过程所有方面，可以用来描述现有过程，也可用来设计一个新的过程。流程图在 QC 小组活动中和质量改进过程中都有着广泛的用途。

流程图由一系列容易识别的标志构成，常用的流程图标志如图 5-50 所示。

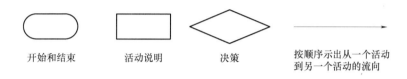

图 5-50　常用的流程图标志

2. 应用步骤

描述和分析现有过程的流程图步骤如下：

1）判断过程的开始和结束。
2）观察从开始到结束的整个过程。
3）规定该过程的程序（输入、活动、判断、决定、输出）。
4）画出表示该过程的流程草图。
5）与该过程所涉及的有关人员共同评审流程草图。
6）根据评审结果改进流程草图。
7）与实际过程比较，验证改进后的流程图。
8）注明正式流程图的形成日期，以备将来使用和参考（可用于过程实际运行的记录，也可用于判别质量改进的时机）。

设计新过程的流程图步骤如下：

1）判断过程的开始和结束。
2）使这个新过程中将要形成的程序（输入、活动、判断、决定、输出）形象化。
3）确定该过程的程序（输入、活动、判断、决定、输出）。
4）画出表示该过程的流程草图。
5）与预计该过程所涉及的人员共同评审流程草图。
6）根据评审结果改进流程草图。
7）注明正式流程图的形成日期，以备将来使用和参考（可用于过程实际运行的记录，亦可用于判别质量改进的时机）。

3. 应用举例

例 5-19　某工程施工过程质量管理控制流程图如图 5-51 所示。

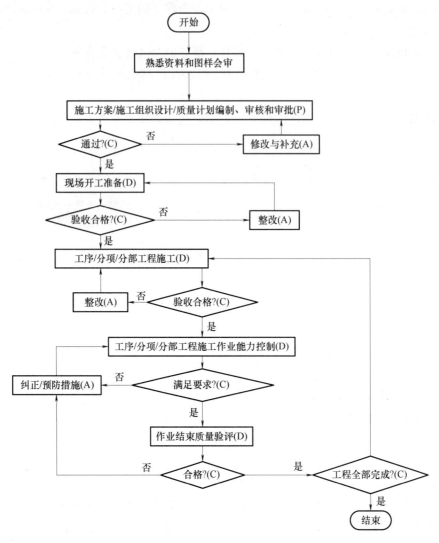

图 5-51 施工过程质量管理控制流程图

第 6 章

QC 小组成果整理、发布与评审

6.1 QC 小组活动成果的整理

QC 小组全体成员经过共同努力，完成一个课题的活动循环之后，无论是否达到了预期目标，都应该认真总结，以利于今后小组活动的有效开展。对于达到了预期目标的成果，总结后应经过整理形成成果报告。

1. 整理成果报告的目的

（1）全面回顾 QC 小组活动的过程　经过 QC 小组全体组员的共同努力，完成了选定的活动课题，实现了预期的目标。小组成员坐下来共同回顾整个活动过程，使全体成员重温活动各个环节、步骤，通过活动小组取得的改进程度与成果，了解小组取得的进步，为企业带来的有形和无形的价值。

（2）通过总结、提升 QC 小组成员工作能力　小组成员共同整理成果报告，条理化、系统化、科学化地将活动过程和成果加以总结、提炼，有助于提升小组成员概括总结能力及养成科学总结的习惯。当然这其中有对成功经验的总结，也有对失败教训的反思，找到小组活动过程及每个成员的闪光点，以便在今后的活动中发扬光大，同时也有利于小组发现活动中的不足，在今后的活动中逐步改善、提高。

（3）知识梳理，为今后开展 QC 活动奠定基础　通过成果报告的整理，小组成员可以对活动各个步骤中学到的知识进行系统的梳理，包括业务技能的提升、QC 小组活动过程技巧的掌握、工具方法的运用等。通过将活动记录的整理，小组成员知识、技能、经验的汇总，以及 QC 成果的产生，形成 QC 小组的技术储备库，为今后的 QC 小组活动打下更好的基础，也使小组成员的知识管理水平有所提高。

（4）增进感情、促进协作，有效增进小组成员之间的协助精神　小组成员通过对整个活动过程的回顾和成果的整理，深切体会活动过程的艰辛与成功的喜悦，增强彼此的了解，相互之间更加和谐融洽，更加热爱并愿意参加小组活动。同时，通过报告的整理，以及得到领导和他人的认可，小组成员的成就感得到增强，感受到自我价值的实现。

2. 成果报告的整理

（1）基本要求　成果报告是 QC 小组活动全过程的书面表现形式，是其活动的真实写照。它是在 QC 小组活动原始记录的基础上，经过小组成员共同讨论总结整理出来的。

总结、整理 QC 小组活动成果报告基本要求如下：

1）要有利于小组自身的提高。要保证成果报告的真实性，而不是靠哪一位"秀才"无中生有"编"出来的。通过对已解决课题的总结，提高解决问题的能力。

2）要便于发表交流。通过发表交流，互相激励、互相启发、共同提高。

（2）整理成果报告的步骤

1）召开小组成员会议。由 QC 小组组长召集小组全体成员开会，认真回顾课题活动全过程，总结分析活动的经验教训，如选题是否适宜，问题分析是否全面，原因分析是否透彻，措施的针对性强不强等；畅谈活动中体会最深的是什么，成果报告的中心问题是什么。会上确定收集活动记录、整理资料和整理成果报告的分工，如由谁执笔，由谁负责收集整理哪方面的资料，何时交给执笔人，以及下次集体讨论修改成果报告初稿的时间和方式等。

2）收集和整理小组活动的原始记录。按照小组成员分工，搜集和整理小组活动的原始记录和资料。这些原始记录和资料包括：小组开展集体活动的会议记录，本课题的现状调查的有关数据和调查记录，对策实施过程中进行试验、检测、分析的数据和记录，以及课题目标与国内外同行业的对比资料，与企业历史最好水平的对比资料，活动前后的对比资料，各种工具方法运用的图表等。

3）整理成果报告初稿。由成果报告执笔人在掌握上述资料的基础上，综合小组成员的意见，按照 QC 小组活动的基本程序整理成果报告初稿。

4）完成成果报告。将执笔人整理出的成果报告初稿提交小组成员全体会议讨论，由全体成员认真修改、补充、完善，最后由执笔人集中大家意见，修改完成成果报告。

成果报告整理步骤如图 6-1 所示。

（3）QC 小组活动成果报告的类型、基本内容和表达方式　了解、掌握 QC 小组活动成果报告的类型和基本内容，对于选择恰当的方式表达活动成果和交流活动内容有着重要的作用，一项优秀的成果只有通过与之相适应的表达方式，才能达到最佳效果。

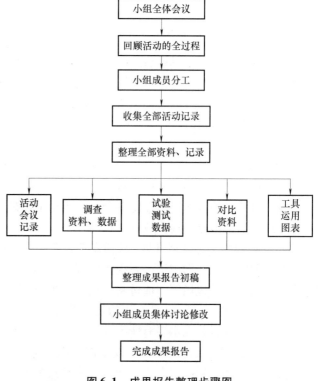

图 6-1　成果报告整理步骤图

1）QC 小组活动成果的分类。QC 小组活动取得的成果可以分为两类：有形成果和无形成果。

有形成果主要是指那些可以用物质或价值形式表现出来，通常能直接计算其经济效益的成果，如提高产品质量、降低物资消耗、减少设备故障停机时间、提高劳动生产率、缩短交货期等。

无形成果是与有形成果相对而言的，通常是指难以用物质或价值形式表现出来，无法直接计算其经济效益的成果，如改善生产（工作）现场环境、改善人际关系、提高小组成员自身素质、加强小组自主管理、改进小组活动方法、提高活动有效性与活力等。

无形成果在开发 QC 小组成员潜能、调动员工积极性、提高人的素质、培养人才、增强团队的凝聚力等方面发挥着重要的作用。它往往表现在人们精神面貌的变化上，如敬业精神、工作自觉性、主动性、工作技能、协作精神的增强等。人们这种精神的、心理的积极变化，必将对企业在经济效益方面产生更深刻、更广泛、更长远的影响。

通常情况下，无形成果不是由独立的一类小组活动课题产生的，而是与有形成果相伴而生、互相融合与渗透的，即 QC 小组活动在取得有形成果时，会伴随着一些无形成果的出现；而无形成果的取得，使小组成员真正体会到 QC 小组的精神与实质，掌握做事的思维与方法。例如，在"不合格品率减半"活动课题取得有形成果的同时，小组成员的质量意识提高了，质量责任心和自我控制能力增强了。这些相伴而生的无形成果也应给予总结、交流、表彰，以推动 QC 小组自身建设和今后的巩固与发展。

2）成果报告的基本内容。成果报告的基本内容参照《质量管理小组活动准则》（T/CAQ 10201—2016）第 4 章相关规定，大致分为 3 种类型的成果报告，基本内容如下：

① 问题解决型自选目标 QC 小组成果报告的基本内容包括：选题背景；小组简介；选择课题；现状调查；设定目标；原因分析；确定要因；制订对策；实施对策；效果检查；巩固措施；总结和下一步打算。

② 问题解决型指令性目标 QC 小组成果报告的基本内容包括：选题背景；小组简介；选择课题；设定目标；目标可行性分析；原因分析；确定要因；制订对策；实施对策；效果检查；巩固措施；总结和下一步打算。

③ 创新型课题 QC 小组成果报告的基本内容包括：选题背景；小组简介；选择课题；设定目标；提出各种方案并确定最佳方案；制订对策表；按对策表实施；确认效果；标准化；总结和下一步打算。

3）成果报告的表达方式。QC 小组活动成果报告根据实际需要的不同，可选择有以下表达方式：

① "一张纸"式的活动成果报告表达方式，就是把 QC 小组活动的各步骤概要地整理在一张纸上，既便于交流，又便于保存。例如，将每个 QC 小组的成果报告以摘要的方式汇总在一张 A3 纸上，以图表数据为主，重点突出，看到这张纸，就能了解 QC 小组成果报告的基本内容，这种方法在企业内部交流中特别有效。

② 电子文档表达方式。在 QC 小组活动过程中，使用计算机将 QC 活动过程中产生的相关资料收集、整理、汇总，并保存在计算机中。QC 活动总结时，按不同选题类型的基本内容要求形成成果报告。成果报告的表达方式可以是电子文本或演示文稿。这样做既便于查阅，也便于进行演示交流。

③ 报告书表达方式。将电子文本或演示文稿打印并装订成册，即形成报告书。这样做便于随手查阅，适合在交流或培训时使用。

成果报告采用哪种表达方式可根据需要确定，只要能简明、清晰地反映 QC 小组活动的全过程，显示出活动全过程的基本事实、主要数据和运用的统计方法就可以了。

3. 注意事项

QC 小组在总结、整理成果报告时要注意以下几个问题。

（1）按活动程序进行总结　QC 小组在开展活动、解决课题时是按活动程序进行的，在课题解决之后，再按活动程序一个步骤、一个步骤地进行总结回顾，看看各个步骤之间是不是做到了紧密衔接，每一步骤所得出的结论是否有充分的依据和说服力，所用的方法有没有错误的地方。只有通过认真全面的总结、整理，才能对管理技术的运用有更深刻的认识，真正提高小组成员分析问题、解决问题的能力。通过全面的总结、整理，仍会发现欠缺之处，在可能的情况下，小组可进一步补充、完善。这样总结、整理出的成果报告有很强的逻辑性，一环扣一环地把全部活动过程交代清楚，使其他小组能从中得到启发。

（2）重点突出，特点鲜明　应根据小组课题活动的实际情况，将课题活动的难点、特点总结出来，将本次课题活动中小组成员下的功夫最大、收获最多之处更多地反映到报告中。例如，小组在现状调查中下的功夫最多，那么就要把小组成员是如何对现状从一个个侧面、一层层地调查分析数据，从而找出问题的症结所在的事实重点写清楚。如果小组成员在制订对策时，充分地发挥了每个人的创造性，提出了很多好对策，那么就要把大家提出的各种对策，以及如何筛选出最好对策的过程重点地反映在成果报告中，这样就能把成果内容总结、整理得生动、活泼、充实。这不仅使小组成员得到启发，也可为其他小组提供很好的借鉴。

（3）用数据说话，简明扼要　成果报告要以图、表、数据为主，配以少量的文字说明，尽量做到标题化、图表化、数据化，使成果报告清晰、醒目。如果成果报告用密密麻麻的文字叙述为主体，其交流效果是很不好的。当然，这里所说的数据指的是必要的、有用的数据，并不是数据越多越好，与本次课题活动内容无关的数据也列在成果报告中，会喧宾夺主，模糊人们的视线，应予以删除。这里所说的图表指的是反映必要数据和方法的图表，而不是为了美观而增加的图画。特别要提醒小组成员的是，千万不要把成果报告整理成发表人的演讲稿，也不要添加与活动课题无关的照片等点缀，而少了数据和方法的图表。这样往往会分散注意力，影响交流效果，也浪费纸张。这种情况在 QC 小组成果报告中并不少见。

（4）不要用专业技术性太强的名词术语　当小组成果到行业外交流、发表时，报告中不要用专业技术性太强的名词术语，在不可避免时（特别是在发表时），要用通俗易懂的语言进行必要的解释。因为成果发表的主要目的在于交流，其前提是要让与会的人听懂，只有听懂了才能从发表的成果中得到启发，达到交流的目的。

（5）必要的小组介绍　在成果报告内容的前面，可简要介绍 QC 小组的组成情况，必要时还应对与小组活动课题有关的企业情况，甚至生产过程（或流程）做简单介绍，用以说明本小组活动课题是哪个环节发生了问题。在做小组概括介绍时，切忌将小组历年的活动课题及获得的荣誉也罗列出来。因为荣誉只说明过去，不能说明现在。只有当此次课题是在上次课题成果的基础上进行的，或是上次课题的延续，或是上次课题的遗留问题，才可以对前次课题略加说明。

总之，要把成果总结、整理好是要花一定工夫的，对此小组成员不要嫌麻烦，而要把它看成是锻炼提高的机会，这和运动员要提高水平一样，不通过刻苦训练就出不了成绩。QC

小组就是要通过实践、总结、再实践、再总结，逐步提高科学地分析和解决问题的能力，逐步提高成果报告的水平，从而达到培养人才、开发人力资源的目的。

6.2 QC小组活动成果的发布

QC小组成员经过共同努力，使课题活动取得了成果，达到了预定的目标，不论成果的大与小，经济效益的多与少，企、事业单位都应该给他们提供发表成果的机会。成果发表的范围可以为小组所在的基层单位，也可以为全公司。组织不同层次的QC小组成果发表，是QC小组活动的特色，它具有其他形式难以取代的独特的作用。

1. 成果发表的作用

在QC小组活动取得成果后组织成果发表，交流活动经验体会，是QC小组活动的重要组成部分，也是QC小组活动的特色。通过不同层面发表、交流活动体会，可提高认知水平，更大程度地得到社会认可。组织成果发表主要作用有以下几方面：

（1）相互启发，推动QC活动整体水平的提高　在成果发表会上，许多小组发表成果，谈经验体会，这就为每个QC小组学习别人的经验、寻找自己的差距提供了条件。通过成果发表会的提问和答辩，可以起到相互交流、相互启发、共同探讨、取长补短、集思广益、共同提高的作用。

（2）鼓舞士气，体现小组成员的自我价值　QC小组成员在大庭广众下发表自己活动所取得的成果，并获得领导、专家和广大员工的承认，这种自我展示达到了施展才华、实现自我价值的目的。它对许多在生产、服务现场工作的一线员工更是难得。这必然会增强QC小组成员的荣誉感和自信心，起到激励和鼓舞士气的作用，为今后小组活动增加动力。

（3）现身说法，吸引更多职工参加QC小组活动　通过QC小组成员讲述自己活动的过程与取得的成果，可以起到现身说法的作用，拉近QC小组与广大员工之间的距离，有说服力地解除人们对QC小组活动的种种疑虑，从而吸引更多的员工参加到QC小组活动中，进一步带动QC小组活动更广泛、深入地开展。

（4）公正评价，扩大QC小组活动的群众基础　通过成果发表会，QC小组活动成果得以公之于众，让专家和听众一起来评价。这样就可以增大评选优秀QC小组和优秀成果的透明度，使评选出的优秀小组和优秀成果具有广泛的群众基础。

2. 成果发表的组织工作

QC小组成果发表意义重大，组织好成果发表工作，才能更好地发挥其作用。为搞好成果发表，成果发表会的组织者要关注发表会的各个环节，只有这样才能取得良好的效果，达到成果发表的目的，发挥其作用。

（1）成果发表的组织工作内容

1）组建优秀QC小组评审委员会。选聘一定数量、具有较高理论水平与丰富实践经验的专家担任评委，组成优秀QC小组评审委员会。确定成果发表的主持人，主持人一般由评审组组长或评委主任担任。评委会还应聘请评分统计员，按照规定的原则统计核实所得分数，公布名次等。

2）制订QC小组活动成果发表规则。QC小组活动成果发表规则一般包括以下内容：

① 发表顺序由抽签方式确定。一经确定，不再变动。

② 发表时间：每个成果发表时间以15min为宜。发表到13min时，响铃提示，15min再次响铃。发表完毕，当场公布本成果发表时间。发表时间最多不能超过17min。

③ 提问：成果发表完毕，评委可以提问，由发表人解答，时间不超过2min。

④ 发表得分：成果发表完毕，评委当场打分。各评委的评分，去掉一个最高分和一个最低分，平均分为该成果发表评审成绩，由主持人当场公布。

⑤ 发表扣分：发表时间超过规定发表时间，可根据情况酌情扣分，一般按照每超过30s扣平均分0.5分执行；非小组成员发表扣平均分2分。

⑥ 发表纪律：遵守时间，按时出席会议。未出席交流会或成果发表时无故不在场的视为自动放弃，取消评奖资格。

3）做好QC小组成果发表准备工作。QC小组成果发表准备工作包括：成果发表会时间、地点的确定；会场布置，发表成果时所需要的工具（投影仪、屏幕、笔记本电脑、录像机、台上和台下用的扩音器、激光笔、计时器等）；如需评比名次，还需要制订发表规则，制订统一评分标准，准备评分记录表等。如果发奖，还要准备奖品和证书。

QC成果发表会工作流程如图6-2所示。

（2）成果发表会应注意的问题

1）形式服从目的。为了更好地发挥成果发表的作用，QC小组活动推进者和组织者应视不同情况区别对待，提倡不同特点的成果以不同的形式发表，不搞一个模式、"一刀切"，更不要一味追求形式奇特、图表精美、动画新颖，为这些形式上的东西而忽略了成果发表的真正目的。比如，在中小企业的厂级或大企业的分厂、车间级的成果发表会上，可以采用比较简单的方式，运用"一张纸"式的活动成果报告提纲式地发表成果，或用实物对比形式，突出小组特色和活动的重点内容介绍；可以小组成员集体上台，一人发表一段，或一人介绍、多人模拟表演等灵活多样的形式，以求实效。这种形式简单、易操作，也更加生动有趣，吸引听众。而对大企业或行业、地区的成果发表会，可提出一些统一要求，如要上报成果报告材料，需制作电子演示文本（PPT），发表时间一般为15min，并有5~10min的提问答辩时间等，但具体发表形式也可以根据小组的实际情况灵活选择。

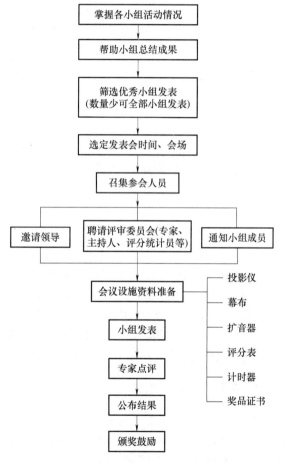

图6-2 QC小组成果发表会工作流程

2）引导对话交流。发表会的主持人要积极启发、引导听众开展交流，对发表的成果提出问题，由发表人或小组成员进行回答。提问可以是对课题不清楚的问题，或是需要进一步探讨的问题；可以就提问人想学习的经验进一步发问，也可以就提问人看出来的问题发问，以确认发表成果的QC小组是否存在这方面问题等。发表人应就每一个提问进行简要回答。这样既可以活跃会场气氛，又能起到相互交流、共同探讨、互相学习、共同提高的作用。

3）专家点评。每个成果发表答辩后，应由担任评委的专家给予客观的讲评。讲评既要肯定小组成果的优点、好的经验和做法，又要实事求是地指出成果中的不足和问题，并提出改进建议。如果发表会上要发表的成果很多，而时间又很有限，不能对每个成果进行讲评，可以考虑在全部成果发表后，由担任评委的一位专家汇总全部成果中的主要优点，特别是值得大家学习的好经验、突出特点，以及存在的主要问题（具有普遍性的问题和不允许存在的错误）等，进行统一讲评。这样可以使每次成果发表会都成为一次结合实际的教育机会，使与会者得到一次学习和提高。

4）请领导参加。组织者要尽可能邀请同一层级的主管领导参加会议，听取成果发表，并在全部成果发表结束、评委讲评后，发表即席讲话，为发表成果的QC小组鼓劲，并号召大家向他们学习，更加广泛地开展QC小组活动。若有可能，请领导人为获奖的优秀QC小组颁奖，并与发表成果的小组合影留念，以资鼓励。在这里，领导的权威、动员、号召和激励的作用是不可忽视的，而且往往能起到事半功倍的效果，会给后续的工作推进带来更大的动力和助力。

5）分类发表。在有条件的行业或地区，可以考虑按不同课题类型的QC小组分别召开成果发表会。如创新型课题、现场型课题、管理型课题、服务型课题，甚至"小"课题等。这样做既有助于根据不同特点更有效地交流经验，互相鼓励，又有利于相互比较，从中选拔出比较突出、优秀的QC小组。

3. QC小组成果发表

一个成功的QC小组成果发表会的组织者是全面策划人，进行全过程的组织安排，但发表会的主角是QC小组成员，小组成果发表的好坏将直接影响到成果发表会的效果。QC小组成果发表要做到以下几点内容：

（1）发表前做好准备工作　为了使发表取得好的效果，QC小组成员应认真研究选择恰当的发表形式。要根据不同场合、不同听众以及课题的特点而定，可由一人发表，也可由多人发表；可以配合图、表或实物发表，也可以带有模拟性的表演式发表。发表形式可灵活多样，生动活泼，但也要注意不要哗众取宠，始终不要忘记发表成果的作用。在准备发表成果所需的图片、实物或模型时，也要由小组成员共同分担，不要都加在一个人身上，要体现人人参与的精神。在正式发表之前，最好能在小组内进行预演，通过预演，让大家对发表时的仪态、声音、时间、重点、连贯性、动作等方面发表意见，提出不足和需要改进之处，群策群力，以提高成果发表水平。主要发表人应该是小组的骨干，这样才能讲得清楚明白，回答问题时应对自如，从而取得好的发表效果。

（2）注意发表时的细节　发表成果时，发表者应注意并处理好一些细节问题：①上台后先做自我介绍（在车间内发表可免），让听众知道你是本QC小组的主要成员，而不是外请的"演员"；②自始至终都要语音洪亮、语言简明、吐字清楚、语气自信、语速有节奏，让人听起来感觉你是在讲自己做过的事,而不是在"背书";③仪态要自然大方,不要过于拘谨和紧张,即使发表中出现了错、漏处也不要紧,道声"对不起",加以纠正和补充即可;④在本企业(或同行业)以外发表成果时,要尽量避免使用技术性很强的专业术语,必须使用时应略做解释,以便使听众明白。

(3)回答问题要简洁、恰当　在成果发表完毕后的提问答疑时,态度要谦虚,要实事求是;对提问者要有礼貌,回答提问要简洁明了;提问较多时要有耐心,对于没听清楚的提问,可请提问者重复一次;实属技术保密的问题,要婉言谢绝。对于回答不出的地方,或者评委指出活动中有错误的地方要如实承认,今后改进。发表人对提问答疑应抱着一种共同探讨、互相学习、以求改进的态度,不要视提问为"挑刺"而冷待。

(4)道具要简单、实用　发表时所用的"道具"应本着节约、实用的原则。例如,在企业内基层发表时,可用一块黑板、一支粉笔或一张综合性的图表,或一件实物、几张照片等最简单的道具,配合发表人的讲解;在企业内高层次,或企业外更高层次发表时,可根据需要制作电子演示文本(PPT)等,但制作应简洁、清晰,以数据、图、表为主,配以小标题与必要的文字说明。演示文本的页数要尽可能少,每页上的字、图、表也要少,投影到屏幕上使观众一目了然。切记不要不计成本地追求形式,或是将成果报告全文"搬家",页数多且文字密密麻麻,这样既浪费时间,效果又不佳。

6.3　QC小组活动成果的评审

QC小组课题活动完成预定目标,小组成员广泛收集数据,全面整理,形成小组课题活动成果报告。小组课题活动成果水平如何,活动效果怎样,还有哪些不足,下一步如何改进提高,都需要对活动的成果进行客观、公正、全面的评审。

1. 评审的目的

对QC小组活动成果的评审目的,就是对小组课题活动的成果按照PDCA循环,对课题活动过程的完整性、工具方法运用的正确性、课题活动的真实性及活动结果的有效性进行客观、公正、全面的评价,肯定成绩、发现不足,促进QC小组活动水平的不断提升。通过评审才能比较出不同小组课题活动的水平高低,有利于树立典范、表彰先进,激励小组成果不断追求更高的目标。

对QC小组活动成果进行评审,可以对QC小组活动的深入开展起到很好的促进作用。主要体现在以下几方面:

(1)有利于调动积极性　企业广大员工自主组织起来参加QC小组活动,进行质量改进,具有深远的意义。为此,在对QC小组活动成果进行评审时要充分肯定他们的成绩,帮助他们总结成功经验,同时诚恳地指出存在的缺点和不足,不应加以指责,更不要嫌弃,这样的评审能够充分地保护和调动小组成员活动的积极性。

(2)有利于提高活动水平　QC小组经过活动取得成果后,与大家分享成功的喜悦,同时听取领导、专家和同行的评价意见。对小组成果内容和活动过程进行评审,认真负责地指出活动过程、工具方法应用等方面的缺点和不足,热情地帮助他们,能够不断地提高小组的活动水平。

（3）有利于相互交流、相互启发　QC 小组活动成果发表是进行交流的主要方式，而评审活动成果对交流起到引导作用。在成果评审中，QC 小组活动中成功的经验和正确的做法被专家、领导、组织者肯定，为其他小组树立典范，起到较好的引导作用；对于小组活动成果中存在的缺点与不足，应提出改进意见，这也给其他小组提供前车之鉴，使其他小组从中得到更好的启发与帮助。

2. 评审原则

QC 小组活动成果的评审包含肯定成绩、指出不足两个方面的内容。评审中"识得准、抓得实"是正确引导小组活动的关键，也是考验评审人员水平的要点。评审人员既要指明小组成果中的优点，以利于今后继续发扬光大，更要准确指出问题所在，而且要注意尺度的把握，使小组成员明白不足在何处，今后怎么做才能有所改进和提高，又要使小组成员易于接受，避免挫伤他们的积极性。因此，在评审时要按以下原则进行。

（1）抓大放小，抓住主要问题　在评审 QC 小组活动成果时，无论是总结小组活动的成功经验，还是找出存在的主要问题，都要把握一个基本原则：从大处着眼，抓主要问题，即"抓大放小"。任何一个 QC 小组活动成果都不可能十全十美，都有其可学习的优势，也存在着缺陷和不足之处，只不过有的成果缺陷少一些，有的成果缺陷多一些。如果评审人员在评审时，没有找出主要问题，却找了一堆"微不足道"的小问题，将会把小组活动引导到不正确的方向，甚至会使被评审的 QC 小组产生反感，从而挫伤 QC 小组成员的积极性。因此，在评审过程中指出问题和不足，不求数量多，但求找得准，一定要抓住主要问题，才能有效果，并且有说服力。

当然，既快又准地抓住关键和重点不是一蹴而就的，而是在全面、深入掌握 QC 小组知识的基础上，熟悉小组活动过程，经过多次的实践、锻炼，逐步培养和训练出来的。评审时，要结合 QC 小组活动的特点来抓重点，主要从活动程序是否科学严谨、方法应用是否恰当正确、数据是否充分准确等方面把握。

（2）要客观有依据　给 QC 小组活动成果提出评审意见，特别是指出问题和不足时，一定要客观有依据。所谓客观，就是要依照事物的本来面目去考察，不能带有个人偏见。为此，对提出的每一条不足都要有判定依据，看其是在小组活动程序上出现了问题，还是在应用方法、工具中出现了错误，这样才能避免把个人的偏见带入到评审意见中。

（3）避免在专业技术上钻牛角尖　QC 小组活动完成所选择的课题，取得的成果中包含专业技术改进和管理技术提升两个方面，这就是我们常说的质量管理必须要将专业技术和管理技术"两个轮子一起转动"的道理。

每一个 QC 小组活动成果的专业技术是各不相同的。同一个专业，各企业之间由于设备条件不同、工艺不同、操作习惯不同、环境不同等，其专业技术也会有很大差异，有的甚至涉及专业技术秘密。而在管理技术方面则有较多的共性，可以互相交流、启发。因此，对 QC 小组活动成果的评审应更多地侧重于对其管理技术方面的评价，避免在专业技术上钻牛角尖。当然在企业内部评审 QC 小组活动成果时，必然会涉及专业技术方面，企业应该在专业技术方面把好关的基础上，侧重从管理技术方面提出评价改进意见。

（4）不以经济效益的大小作为判定成果优劣的依据　对 QC 小组活动成果的评审，往往是与评选各级优秀 QC 小组结合在一起进行的，因此除提出评审意见外，还要采用评分的办法评出哪些小组的成果更好一些。

QC小组活动倡导的是"小、实、活、新",提倡员工,特别是生产、服务现场一线的员工自发组织起来,围绕身边的问题进行改进。很多小课题取得成果后,所产生的经济效益与那些大型的"攻关型"课题成果所产生的经济效益是无法相比的,甚至可以说是"微不足道"的。开展QC小组活动就是要解决现场存在的问题,达到小组活动课题的目标。若获得经济效益大,则QC小组课题活动的效果和影响会更大一些,这是不可否认的。但是,员工通过参加QC小组活动,围绕着企业经营战略、方针目标和身边存在的问题不断进行改进、创新,学到了更多的质量管理知识,掌握了科学的思维方式,增强了解决问题的能力,提高了自身的素质,实现了自身价值,激发了积极性和创造性,企业也因此培养和造就了人才,开发了人力和智力资源。这些是开展QC小组活动的首要任务。

如果在评审QC小组成果时,经济效益越大得分就越高,则那些小课题,特别是非常有实用价值的现场型、服务型小组活动的成果,就无法进入各级优秀QC小组的行列,这必然会挫伤广大现场员工参加QC小组活动的积极性。因此在评审和评选QC小组活动成果时,切忌单纯以经济效益的大小论高低。不仅要看经济效益,也要看社会效益;不仅要重视有形成果,也要重视无形成果;不仅要鼓励"大"成果,更要鼓励"小"成果。特别值得指出的是,在企业内部的成果评审中应该更加注重对QC小组活动过程的评审。

3. 评审的标准

评审和评选优秀QC小组活动成果时,评审的标准应该参照《质量管理小组活动准则》的相关规定。这一标准规定QC小组活动成果的评审分为现场评审和发表评审两个部分。

中国质量协会规定,由于行业特点而不适合采用时,可进行适当修订,但需遵循上述标准的原则及内涵。

(1) QC小组活动成果的现场评审　QC小组活动开展得如何,最真实的体现是活动现场。因此,对现场的评审是QC小组活动成果评审的重要内容之一,它包括小组活动的概况、活动过程的记录、小组成员的培训等,以此全面了解小组活动的真实过程,验证QC小组活动的真实性和成果的有效性。我们提倡企业在推进QC小组活动时,更多地侧重于现场评审,这样才能鼓励和引导小组把活动做实,并且有助于小组成员活动技能的提升。通过活动过程和现场评审,可以展现每个小组成员的工作情况及其自身价值,也就能更好地调动小组成员主动参与活动,认识到自己的价值。

现场评审的意义有两个方面:一是对每一个QC小组活动及成果认可,对每一位小组成员所付出的努力和贡献认可,以此激发广大员工参与质量改进的热情和积极性;二是使每项成果都能够更好地应用于生产和服务实践,为企业创造更大的效益。

1) 评审原则。
① 坚持QC小组活动过程与活动效果相结合,充分体现成果的实用性和价值。
② 坚持管理技术与专业技术相结合。
③ 注重全体小组成员积极参与,发挥聪明才智,提高自主解决问题的程度和实效。
④ 注重对QC小组活动过程的评审。

2) 评审组织。
① QC小组活动取得成果后,应向本单位主管部门申报现场评审。主管部门应组织评审

组到申报小组所在的现场进行现场评审。

②现场评审由组织主管部门牵头，组织QC小组所在单位的质量工程师、技术员，以及熟悉QC小组活动的QC骨干组成评审组，一般不少于5人。评审组成员中应有1~2名省、市、行业或国家级QC小组活动诊断师参加。

3）评审方法。

①现场查验。评审组直接到现场听取QC小组活动过程及成果的简要汇报，查看小组活动记录，与小组成员交谈，验证该小组成果的真实性和有效性。

②打分。评审组在验证活动的基础上按表6-1进行独立打分。

表6-1 QC小组活动现场评审表

序号	评审项目	评审方法	评审内容	分值	得分
1	质量管理小组的组织	查看记录	1. 小组和课题进行注册登记	3	
			2. 小组活动时，小组成员出勤情况	2	
			3. 小组成员参与组内分工情况	2	
			4. 小组活动计划及完成情况	3	
2	活动情况与活动记录	听取介绍，交流沟通，查看记录，现场验证	1. 活动过程按质量管理小组活动程序开展	10	
			2. 活动记录（包括各项原始数据、调查表、记录等）保存完整、真实	10	
			3. 制订各阶段活动详细计划，每阶段按计划完成	5	
			4. 活动记录的内容与发表材料一致	5	
3	活动真实性和活动有效性	现场验证，查看记录	1. 小组课题对工艺、技术、流程、管理、服务的改进点有改善	10	
			2. 各项改进在专业技术方面科学有效	4	
			3. 取得的经济效益得到财务部门的认可	4	
			4. 无形效益得到验证	4	
			5. 统计方法运用正确、适宜	8	
4	成果的维持与巩固	查看记录，现场验证	1. 小组活动课题目标达成，有验证依据	5	
			2. 改进的有效措施已纳入有关标准或制度	5	
			3. 现场已按新标准或制度作业，成果巩固保持在较好水准	5	
			4. 活动成果应用于生产和服务实践，取得效果，其他相类似岗位、部门有推广和借鉴	5	
5	质量管理小组教育	提问或考试	1. 小组成员掌握质量管理小组活动内涵与活动程序	3	
			2. 小组成员对方法的掌握程度和水平	3	
			3. 通过本次活动，小组成员质量管理知识和技能水平得到提升	4	
总体评价				总得分	

评委： 日期：

③ 写出评审意见。评审组就现场观察及查验结果写出评审意见。评审意见包括主要优点、问题和结论三部分。优点可重点表述小组完成的课题，小组成员的努力程度，活动过程中各步骤的记录、原始资料的完备程度，各活动过程中的准确性和有效性，管理技术应用和专业技术创新特色，该成果在企业中的作用、推广应用价值等；然后结合小组活动现场查证的事实说明存在的主要问题和不足；最后给出结论。

4）注意事项。

① 对 QC 小组活动成果的现场评审体现了组织领导对 QC 小组活动的关心和支持，是组织提高质量、创新和开发人力资源的重要保证。因此，QC 成果的现场评审应做到组织落实、过程严谨、评审公正。

② 现场评审要在 QC 小组完成课题且申报后进行，要有计划、有组织，不走过场，不搞突击。提倡评审坚持原则、机动灵活，鼓励小组真实、朴实、现实，成果不修饰、不夸大，如采取一块板、一张纸、一支笔等形式。

③ 关注小组活动课题所涉及的产品、服务、管理和安全质量等是否有明显的改善或提升；统计方法的运用是否正确、恰当、有效；成果巩固、活动目标是否完成等情况，各项改进措施是否纳入相关标准并严格执行。

④ 对组织而言，现场评审不能忽略技术问题，应对 QC 成果从技术上严格把关，防止由现场质量改进给安全、环境等方面带来负面影响。例如，某 QC 小组为解决在事故报警的情况下照明电源不能启动的问题，经过活动设计并安装了事故照明自动启动装置，结果是某一区域处于事故状态，整个区域事故照明全部启动，造成直流蓄电池负荷过载。所以现场评审一定要在技术上把好关，做到管理技术与专业技术评审相结合。

⑤ 尊重客观，用数据说话。现场评审时指出的每条不足都应以事实和数据说话，通过评审使小组明确改进的方向。

（2）QC 小组活动成果的发表评审　在 QC 小组活动成果发表时，为了互相启发、学习交流、肯定成绩、指出不足，以及评选优秀 QC 小组，要对成果进行发表、评审。QC 小组活动成果的发表、评审标准应按照《质量管理小组活动准则》的规定，根据选题类型的不同，分为"问题解决型 QC 小组活动成果发表评审表"和"创新型 QC 小组活动成果发表评审表"两种，因问题解决型和创新型 QC 小组活动活动程序有所不同，二者的评审内容和重点有些差异，问题解决型 QC 小组活动成果发表评审表见表 6-2，创新型 QC 小组活动成果发表评审表见表 6-3。

表 6-2　问题解决型 QC 小组活动成果发表评审表

小组名称：　　　　　　　　课题名称：

序号	评审项目	评审内容	分　值	得　分
1	选题	1. 所选课题与上级方针目标相结合，或是本小组现场急需解决的问题 2. 课题名称简洁明确，直接针对所存在的问题 3. 现状调查数据充分，并通过分析明确问题或问题症结 4. 现状调查为制订目标提供依据 5. 目标设定有依据、可测量 6. 工具运用正确、适宜	15 分	

(续)

序号	评审项目	评审内容	分值	得分
2	原因分析	1. 针对问题或问题症结分析原因，因果关系要明确、清楚 2. 原因分析到可直接采取对策的程度 3. 主要原因从末端因素中选取 4. 对所有末端因素逐一确认，将末端因素对问题或问题症结的影响程度作为判定主要原因的依据 5. 工具运用正确、适宜	25分	
3	对策与实施	1. 针对所确定的主要原因，逐条提出不同对策，必要时进行对策多方案选择 2. 对策按"5W1H"原则制订 3. 每条对策在实施后检查对策目标是否完成 4. 工具运用正确、适宜	25分	
4	效果	1. 将取得效果与实施前现状比较，确认改进的有效性，与所制订的目标比较，检查是否已达到 2. 取得经济效益的计算应实事求是 3. 必要时，对无形效果进行评价 4. 有效措施已纳入有关标准，并按新标准实施 5. 改进后的效果能维持、巩固在良好的水准，并有数据依据 6. 工具运用正确、适宜	20分	
5	发表	1. 成果报告真实，有逻辑性 2. 成果报告通俗易懂，以图表、数据为主	5分	
6	特点	1. 小组课题体现"小、实、活、新"特色，即选题小、活动实、活动形式灵活、活动方式新颖 2. 统计方法应用有创新和效果	10分	
总体评价			总得分	

评委：   日期：

表6-3 创新型QC小组活动成果发表评审表

小组名称：   课题名称：

序号	评审项目	评审内容	分值	得分
1	选题	1. 题目选定有创新 2. 选题借鉴已有的知识、经验等 3. 目标具挑战性，有量化的目标和可行性分析	20分	
2	提出方案并确定最佳方案	1. 提出的总体方案具有独立性，分级方案具有可比性 2. 方案分解应逐层展开到可以实施的具体方案 3. 用事实和数据对经过整理的方案进行逐一分析、论证和评价 4. 用现场测量、试验和调查分析的方式确定最佳方案 5. 工具运用正确、适宜	30分	

（续）

序号	评审项目	评审内容	分值	得分
3	对策与实施	1. 按"5W1H"原则制订对策表，对策明确、对策目标可测量、措施具体 2. 针对在最佳方案分解中确定的可实施的具体方案，逐项制订对策 3. 按照制订的对策表逐条实施方案 4. 每条方案措施实施后，检查相应方案目标的实施效果及其有效性，必要时应调整、修正措施 5. 工具运用正确、适宜	20 分	
4	效果	1. 检查小组设定的目标，确认课题目标的完成情况 2. 必要时，确认小组创新成果的经济效益和社会效益 3. 将有推广价值的创新成果进行标准化，形成相应的技术标准、图样、工艺文件、作业指导书或管理制度等 4. 对专项或一次性的创新成果，将创新过程相关材料存档备案	15 分	
5	发表	1. 成果报告真实，有逻辑性 2. 成果报告通俗易懂，以图表、数据为主	10 分	
6	特点	充分体现小组成员的创造性，成果有启发和借鉴意义	5 分	
总体评价			总得分	

评委：   日期：

4. 评审内容

按照 QC 小组课题活动成果评审的目的、原则和标准的要求，具体实施评价，主要从以下几个方面着手。

（1）总体评价　无论是在活动现场还是在 QC 小组成果发表会上，小组发表完成之后，评审者首先要从总体上对该小组的活动课题成果进行综合全面的评价，包括以下 5 个主要方面：

1）成果类型。成果类型是指明小组本次活动选择课题的类型，它是 QC 小组本次活动的基本出发点，是决定小组本次课题的活动程序的根本依据。如果小组选择的是现场型课题，却把它按照创新型课题开展活动，就会带来活动程序的错误。因此，在综合评价时首先指明小组本次活动课题的类型很关键。

2）目标值完成情况。评价小组本次课题活动目标值是否完成，来说明小组本次活动的最终结果是否实现了预期的目标，完成了既定的任务。以此来肯定小组的总体活动效果。

3）程序、方法应用情况。从总体上评价小组在活动程序方面逻辑性如何，在工具方法的应用方面准确性、有效性如何。给小组课题活动程序、方法应用水平进行概括的总体评价，使小组成员对本次课题活动有总体的认识和定位。

4）有无推广意义。对 QC 小组本次课题活动的效果及推广意义进行评述。尤其要指明小组是在活动程序上哪些地方比较有特点，可以为其他小组学习借鉴，在工具方法应用上有哪些独到之处，特别是其他小组在活动中经常容易犯错误的地方，本小组做得既正确又有效，可供其他小组学习。这种结合发表案例的点评给所有小组成员留下深刻的印象，其推广效果往往比单纯的培训更好。

5）改进之处。对小组本次课题的成果给出总体评价后，应指明小组课题活动中需要改进的地方，为小组今后的活动指明方向。

（2）指出不足　对 QC 小组活动成果的评价要结合小组活动的特点进行。在总体评价基础上，遵循成果评审"四项基本原则"，从活动程序、方法应用上指明课题活动存在的不足。

1）程序方面。QC 小组活动是遵循 PDCA 循环的科学程序进行的，对活动成果的总结也应思路清晰，具有严密的逻辑性。因此，评审时首先要审查成果所展示的活动全过程是否符合 PDCA 的活动程序，是否按照程序环环相扣，体现出小组成员综合素质、能力水平和管理能力。如现状是否把握清楚，查找症结问题是否科学有根据，原因分析及主要原因的确定是否科学、严谨，小组的对策是否是针对已找到的主要原因，对策制订后是否按对策表逐条实施等。应特别关注对于活动具体程序的要求，掌握各个步骤的关键注意事项，较准确地找出小组活动成果在程序方面存在的不足。

2）方法方面。QC 小组活动中要运用科学的统计方法，对收集的大量数据进行加工整理，去伪存真，去粗取精，把握事物的客观规律，寻找到解决问题的办法。如果统计方法应用不恰当，就会给小组活动带来错误的结论或错误的引导，使小组成员受挫，影响小组活动成果和效果。评审时要结合小组课题及活动过程，对小组活动运用的工具、方法的正确性、有效性进行评价，指出存在的问题。

5. 评审工作组织及形式

（1）企业内部的评审　基层企业对 QC 小组活动成果的评审要进行现场评审和发表评审。现场评审是企业对 QC 小组活动成果进行评审的重要方面。QC 小组取得成果，向企业主管部门申报后，企业要组织有关人员组成评审组，深入 QC 小组活动现场，面向 QC 小组全体成员，了解他们活动过程的详细情况，以及他们付出的努力、克服的困难、取得的成绩。

现场评审的时间一般安排在小组取得成果后两个月左右为宜。相隔时间太短，不能很好地看出效果的维持和巩固情况；相隔时间太长，则不利于更好地调动小组成员的积极性。企业主管部门要组织熟悉 QC 小组活动的有关人员组成评审组，按照"QC 小组活动成果现场评审表"（表 6-1）的内容进行评审。

发表评审可在企业举办的 QC 小组成果发表会上进行。也要由企业主管部门聘请熟悉 QC 小组活动的有关人员组成评审组，一般不少于 5 人，必要时可以邀请外部专家。根据选题类型的不同，按"问题解决型 QC 小组活动成果发表评审表"（表 6-2），或"创新型 QC 小组活动成果发表评审表"（表 6-3）的内容进行评审计分。把现场评审和发表评审两项综合起来，就是该 QC 小组活动成果评审的总成绩。企业评审的重心应放在审核成果的真实性及有效性上，因此建议现场评审的成绩占总成绩的 60%。

（2）各级协会的评审　各级质量协会对 QC 小组活动成果的评审，一般都和各级优秀 QC 小组的评选结合在一起进行。

各级质量协会为了树立典型、带动全局、交流经验、明确导向、肯定成绩、表彰激励，每年应定期召开 QC 小组活动成果发表会，在企业选派的优秀 QC 小组中，通过发表评审，评选出本地区、本行业的优秀 QC 小组和参加更高一级优秀 QC 小组评选的小组。

各级质量协会对 QC 小组活动成果进行评审时，应由主办质量协会聘请懂质量管理理论、能指导小组活动、会评价小组成果的人员担任评委，组成评审组，评委一般不少于 5 人。在评选省、市级优秀 QC 小组时，为保证评审质量，更好地达到评审目的，使评选能在公平、公正的环境中进行，必须聘请经省、市级质量协会考评合格并为省、市级 QC 小组活动诊断师的人员担任评委；在评选国家级优秀 QC 小组时，必须由具备全国 QC 小组活动注册中级诊断师以上资格的人员担任评委。评审一般应按以下程序进行：首先由发表会的主办部门把参加发表的小组的成果材料提前交与每一位评委进行审阅。评委审阅后，对每一个成果材料，按评审原则和评审标准提出初步的评审意见，包括对成果的总体评价和指出成果内容中的不足之处，做好成果发表评审前的准备。如果没有这样的准备，评委们很难在短时间内给出恰当的分数和正确的评价意见。

在发表会场，听完每一个成果的发表及提问、答辩，评委们根据选题类型的不同，按问题解决型 QC 小组活动成果发表评审表（表6-2），或创新型 QC 小组活动成果发表评审表（表6-3）的内容逐条评分，评出成绩，同时要根据发表及回答提问的情况，修正初步的评审意见。

评审意见可提供给发表小组，作为今后 QC 小组活动中改进、提高的参考。

第7章

QC小组成果案例及点评

案例1 提高连体双煤斗对接合格率

×××建设集团有限公司××QC小组

1. 工程概况

某电厂一期工程位于福州市罗源县。工程煤斗为新型的特殊结构形式连体双煤斗，如图7-1所示。两个煤斗通过与通长钢柱HM488×300的焊接坐落在标高26m的混凝土梁上。连体双煤斗共用钢柱5根，共用水平加固梁5道。连体煤斗壁间距488mm，空间狭小。每个煤斗分为三部分：煤斗盖、中间长方体仓筒和下部方变圆斗。煤斗盖标高34.700m，煤斗下口标高21.000m，煤斗总高度为13.700m，煤斗钢柱支座安装标高26.000m。

2. 小组简介

（1）小组概况 小组概况表见表7-1。

表7-1 小组概况表

小组名称	××建设集团有限公司××QC小组		
课题类型	现场型	组建时间	2016年07月15日
课题名称	提高连体双煤斗对接合格率	小组编号	YEJ-2016-24-01
课题活动时间	2016年07月25日—2016年10月20日	课题注册号	YEJ-KT-2016-24-01
QC小组人数	8人	活动次数	10次
出勤率	100%	QC培训时间	50h

制表人：张×× 制表日期：2016年7月15日

（2）小组成员分工 小组成员分工一览表见表7-2。

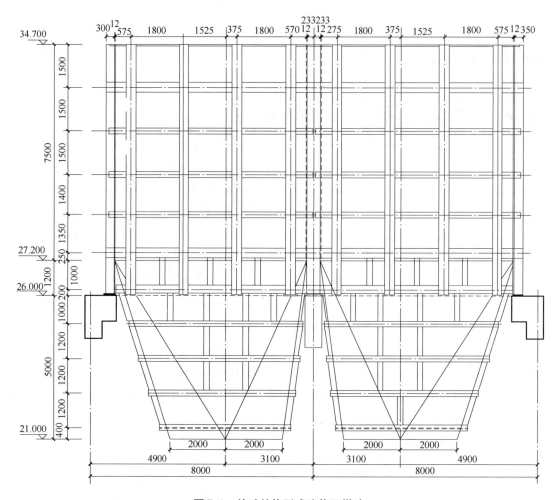

图 7-1　特殊结构形式连体双煤斗

表 7-2　QC 小组成员分工一览表

序号	姓名	年龄	学历	职称	职务	组内分工
1	梁×	44	本科	工程师	项目经理	组长/全面负责
2	王×	51	大专	工程师	项目副经理	副组长/活动指导
3	赵×	39	大专	工程师	施工员	副组长/策划组织
4	李×	47	本科	工程师	施工员	组员/方案实施
5	张××	26	本科	助理工程师	质检员	组员/收集资料
6	张×	48	中专	助理工程师	施工班组	组员/方案实施
7	曹×	47	中专	助理工程师	施工班组	组员/方案实施
8	李××	50	中专	助理工程师	施工班组	组员/方案实施

制表人：张××　　　　　　　　　　　　　　制表日期：2016 年 7 月 15 日

3. 课题选择理由

（1）**工程质量目标** 该工程以争创国家优质工程金奖为质量目标，要求参加施工的工程人员高度重视，提前做好工艺流程、设备选型、焊接技术措施等多项准备工作。该工程煤斗结构形式为新型的特殊结构形式连体式双煤斗，两个煤斗间通过共用的 5 根通长钢柱和 5 根水平加固梁焊接在一起，结构形式复杂、施工困难，因此其安装对接合格率直接影响到该工程质量目标的实现。

（2）**案例调查** 小组通过调查以前新疆国信准东电厂、新疆奇台电厂及山东茌平电厂钢煤斗的施工情况，发现煤斗对接问题突出，对钢煤斗的后续使用造成了很大影响，并存在安全隐患。煤斗安装质量问题统计表见表 7-3。

表 7-3 煤斗安装质量问题统计表

调 查 对 象	钢煤斗焊缝合格率	钢煤斗防腐合格率	钢煤斗对接合格率
新疆国信准东电厂	92%	94%	75%
新疆奇台电厂	90%	93%	77%
山东茌平电厂	91%	93%	76%

制表人：张×× 制表日期：2016 年 7 月 15 日

由上表可以看出，钢煤斗对接合格率过低。基于以上因素，我们选择"提高连体双煤斗对接合格率"为本次 QC 小组的活动课题。

4. 现场调查与分析

（1）**现状调查** 我小组针对煤斗的安装对接情况，根据《钢结构工程施工质量验收规范》和《电力建设施工质量验收及评价规程》的要求，通过调查新疆国信准东电厂、新疆奇台电厂及山东茌平电厂钢煤斗的施工情况，抽取 240 处进行检查，其中存在质量问题 56 处，煤斗安装对接合格率仅为 76.7%，根据调查情况，绘制煤斗安装对接问题统计表，见表 7-4。

表 7-4 煤斗安装对接问题调查统计表

序号	检查项目	频数（处）	累计频数（处）	频率（%）	累计频率（%）
1	煤斗分段安装上、下段错口	40	40	71.4	71.4
2	煤斗下口与给煤机对接错位	5	45	8.9	80.3
3	煤斗支座标高偏差大	3	48	5.4	85.7
4	煤斗盖落煤口与落煤管对接错位	5	53	8.9	94.6
5	煤斗上、下段对接焊缝有飞溅物	3	56	5.4	100
	合计	56	56	100	100

制表人：张×× 制表日期：2016 年 8 月 15 日

（2）**数据分析** 根据以上煤斗安装对接问题调查统计表，绘制煤斗安装对接问题饼分图（图 7-2）。

5. 设定目标

本工程质量目标为争创国家优质工程金奖，应业主要求，钢煤斗的安装对接合格率应在90%以上，根据调查及以上统计表可知：煤斗分段安装上、下段错口是影响煤斗安装对接合格率的主要问题，如果这项问题能够完全解决，那么煤斗安装对接合格率可提高到93.3%。考虑到一些不可预见因素对解决问题的影响，QC小组将本次活动目标设定为：煤斗对接质量合格率由活动前的76.7%，提高到92%以上（图7-3）。

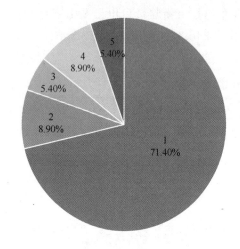

1—煤斗分段安装上下段错口　2—煤斗下口与给煤机对接错位　3—煤斗支座标高偏差大
4—煤斗盖落煤口与落煤管对接错位
5—煤斗上下段对接焊缝有飞溅物

制图人：张××　　制图日期：2016年8月15日

图 7-2　煤斗安装对接问题饼分图

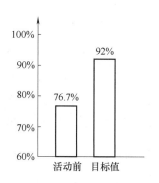

制图人：张××　　制图日期：2016年8月20日

图 7-3　煤斗安装对接合格率设定目标

6. 原因分析

针对上述质量缺陷，小组开展了全面的分析讨论，整理绘制出煤斗分段安装上、下段错口原因分析图（图7-4），找出末端因素。

7. 确定要因

造成煤斗分段安装上、下段错口的末端因素共有6项，QC小组针对这些末端因素制订了要因确认计划表（表7-5），并根据检查情况进行了要因确认。

表 7-5　要因确认计划表

序号	末端因素	确认内容	确认标准	确认方法	负责人	确认时间
1	技术交底覆盖率不达标	施工前技术交底	有技术交底且覆盖率达100%，技术交底符合规范要求及工程实际情况	调查分析	赵× 张××	2016年08月25日

（续）

序号	末端因素	确认内容	确认标准	确认方法	负责人	确认时间
2	框架梁埋件标高测量有偏差	框架梁埋件标高偏差是否满足施工要求	埋件标高偏差应控制在±5mm范围内	测试测量	李× 张×× 曹×	2016年08月29日
3	在安装下段时垂直度偏差较大	安装下段时垂直度偏差是否满足施工要求	下段安装的垂直度偏差应控制在±5mm范围内	测试测量	张×× 张×	2016年09月01日
4	材料进场未检验	检查材料进场记录及复试报告	材料进场验收及按批次复试合格，合格率为100%	调查分析	李× 张××	2016年09月03日
5	测量仪器不精确	水准仪的精确度	水准仪的精确度偏差在±1mm范围内	现场验证	赵× 王×	2016年09月05日
6	煤斗分段制作时变形	煤斗分段制作时上、下段的变形是否满足要求	煤斗分段制作时变形量应控制在±3mm范围内	测试测量	李× 李×× 张××	2016年09月07日

制表人：张×× 　　　　　　　　　　　　　　制表日期：2016年08月23日

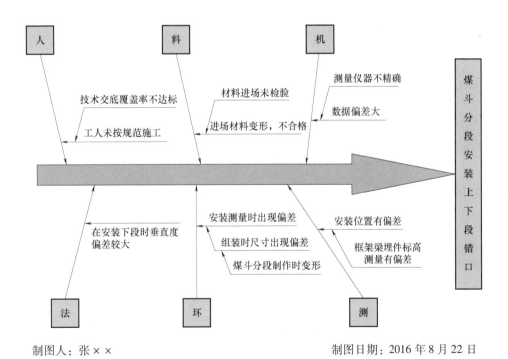

制图人：张×× 　　　　　　　　　　　　　　制图日期：2016年8月22日

图7-4　煤斗分段安装上、下段错口原因分析图

通过对这些末端因素的调查与分析，确定要因，末端因素的调查、分析图如图7-5所示。

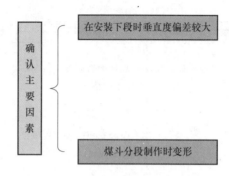

制表人：张×× 　　　　　制图日期：2016 年 9 月 10 日

图 7-5　末端因素的调查、分析图

8. 制订对策（表 7-6）

表 7-6　对策表

序号	要因	对策	目标	措施	执行地点	负责人	完成时间
1	下段安装的垂直度偏差较大	安装时用两台经纬仪多次测量煤斗垂直度	下段安装的垂直度应控制在±5mm范围内	安装时用两台经纬仪同时在不同的方向对煤斗垂直度进行测量，临时固定后再次进行复核校正	施工现场	曹×张××	2016 年 9 月 12 日—2016 年 9 月 15 日
2	煤斗分段制作时变形	对制作人员进行指导，焊接支撑，防止变形	煤斗分段制作时变形量应控制在±3mm范围内	煤斗分段制作时经常测量煤斗尺寸，并在煤斗内部焊接支撑，防止变形	施工现场	李×张××李××	2016 年 9 月 14 日—2016 年 9 月 18 日

制表人：张×× 　　　　　　　　　　　　　　　　　制表日期：2016 年 9 月 11 日

9. 对策实施

（1）实施一　针对煤斗下段安装垂直度偏差较大的问题。实施如下：

QC 小组通过讨论分析，在安装时一台经纬仪只能测量一个方向的垂直度，此方向测量完成后才能移动仪器测量另一个方向，两个方向的垂直度无法同时测量，导致在测量第二个方向的垂直度并进行校正时可能会对已校正好的第一个方向的垂直度产生影响，进而增大第一个方向的垂直度偏差。通过两组试验对比得出结论，具体见表 7-7。

表 7-7　煤斗安装下段时垂直度偏差调查表

编号	数量	效果
1	两台经纬仪同时测量两个方向垂直度	煤斗安装垂直度偏差较小，节约时间、提高效率
2	一台经纬仪先后测量两个方向垂直度	煤斗安装垂直度偏差较大，花费时间长、效率低
通过调查对比，小组确定最适合的控制下段安装垂直度偏差方法：两台经纬仪同时多次测量两个方向的垂直度		

制表人：张×× 　　　　　　　　　　　　　　　　　制表日期：2016 年 9 月 11 日

实施效果验证：2016年9月15日，QC小组对现场12个煤斗下段进行检查，下段安装的垂直度偏差均在±4mm以内，达到了预期的效果。

（2）实施二 针对煤斗分段制作时变形的问题。实施如下：

1）经过小组讨论，在煤斗分段制作时由于四个煤斗壁拼接时误差积累及焊接收缩，会对煤斗造成变形。对于误差积累，我们采取了在制作过程中多次测量的方法，争取将误差控制在最小范围内；对于焊接收缩，采取焊接前在煤斗内壁焊接支撑的方法，这样在焊接前就提供了一个反向预应力，煤斗在焊接时变形量就会得到有效控制。

2）确定多次测量、焊接支撑来控制煤斗制作变形的方法后，QC小组对施工班组进行技术交底，要求在煤斗制作过程中落实这一方案，并加强过程控制。在制作过程中，经过多次测量校正，将积累的误差控制在3mm以内；对于在煤斗内壁焊接支撑后，经测量煤斗的预变形量为-6mm，而在煤斗焊接之后，经测量焊缝收缩量为5mm，煤斗的实际变形量为-1mm。

实施效果验证：2016年9月19日，QC小组对现场12个煤斗变形量进行检查，煤斗分段制作时变形量均在1-2mm，达到了预期的效果（图7-6）。

图7-6 煤斗制作时焊接支撑控制变形

10. 效果检查

（1）目标完成情况 2016年10月5日—15日，QC小组对连体双煤斗的对接情况进行了检查，随机抽取240处，合格228处，不合格12处，合格率为95%。连体双煤斗安装时对接合格率问题统计表见表7-8，活动前后连体双煤斗安装对接合格率对比图如图7-7所示。

表7-8 连体双煤斗安装对接合格率问题统计表

序号	检查项目	频数（处）	累计频数（处）	频率（%）	累计频率（%）
1	煤斗分段安装上、下段错口	2	2	16.7	16.7
2	煤斗下口与给煤机对接错位	3	5	25	41.7
3	煤斗支座标高偏差大	2	7	16.7	58.4
4	煤斗盖落煤口与落煤管对接错位	3	10	25	83.4
5	煤斗上、下段对接焊缝有飞溅物	2	12	16.6	100
	合计	12	12	100	100

制表人：张×军　　　　　　　　　　　　　　　　　　　制表日期：2016年10月15日

从上图可以看出，连体双煤斗的安装对接合格率有了明显的提高，由活动前的76.7%提高到了活动后的95%，效果超出了预期的目标（92%）。

（2）经济效益和社会效益 该项目质量、技术等管理人员全程参与，优化工艺、不断改进。通过本次 QC 活动，连体双煤斗的安装顺利施工，极大程度上避免了人工的浪费，确保了煤斗的安装质量，累计缩短工期 12 天，节约成本 5.136 万元，加快了施工进度，得到了建设与监理单位的赞扬，树立了良好的企业形象（证明材料略）。

施工过程部分图片如图 7-8 ~ 图 7-12 所示。

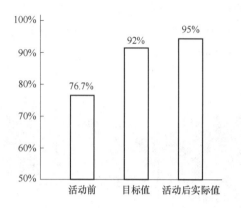

图 7-7 活动前后连体双煤斗安装对接合格率对比图

图 7-8 煤斗制作过程中设置支撑控制变形

图 7-9 钢煤斗分段吊装时设置支撑防止变形

图 7-10 钢煤斗分段吊装

图 7-11 钢煤斗分段吊装

图 7-12 连体双煤斗安装校正后

11. 制订巩固措施

(1) QC 小组针对本次活动编制了《连体双煤斗安装施工技术总结》，在后续的施工中严格按此要求实施，并加强质量控制，每个煤斗安装后经过测量其对接误差均在 ±2mm 以内，满足设计要求（验收报告略）。

(2) 本 QC 小组活动依然会按时进行，继续优化施工工艺、改进施工方法，节约工程成本，创造更多的价值。

12. 总结及今后打算

通过此次 QC 小组活动，小组成员的专业技术水平有了进一步的提高，能够更好地运用专业技术去解决实际生产中遇到的难题；在管理方面，小组成员的能力、水平也得到了显著的提升，能够对施工班组起到很好的指导及统筹规划作用，使施工班组对连体双煤斗的结构形式及安装技术要点有了全新的认识，对以后类似的工程起到了很好的借鉴作用。经过这次 QC 小组活动，小组成员的综合素质得到了提高，成员间的默契度及相互配合工作能力也得到了加强，成员的团队精神与质量意识得到提高，为后续的工作提供了很大的便利。表 7-9 是小组活动评价表，图 7-13 是小组成员综合素质雷达图。

表 7-9　小组活动评价表

序　号	评价内容	活动前（分）	活动后（分）
1	团队精神	70	85
2	质量意识	83	92
3	管理水平	82	90
4	技术水平	85	94
5	个人能力	74	86
6	工作热情	72	88

制表人：张××　　　　　　　　　　　　　　　　制表日期：2016 年 10 月 19 日

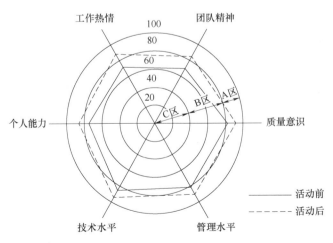

制图人：张××　　　　制图日期：2016 年 10 月 19 日

图 7-13　小组成员综合素质雷达图

在后续的施工中，我们 QC 小组会继续探讨、研究实际施工中遇到的各种问题，将"提高汽机房钢屋架的安装质量"作为下一个研究课题，不断开拓思维、积极进取，优化施工工艺，争取获得更大的效益，为公司树立良好的企业形象。

"提高连体双煤斗对接合格率"成果综合评价

一、总体评价　该课题为现场型。小组成员能够从现场实际出发，针对项目存在的连体双煤斗对接合格率不高问题入手开展 QC 小组活动，将合格率由活动前的 76.7% 提高至活动后的 95%，顺利实现了课题目标。成果基本遵循 PDCA 循环，现状清晰，找到了问题的症结，目标量化可检查，原因分析针对症结，逐项进行要因确认，对策表表头齐全，对策与要因相对应，实施过程图文并茂，活动效果较显著。成果应用了调查表、饼分图、因果图、柱状图、雷达图等常用统计工具。希望小组进一步加强 QC 基础知识的学习，勇于实践，不断提高活动水平和成果整理水平。

二、不足之处

1. 程序方面

原因分析不够彻底，如"材料进场未检验""在安装下段时垂直度偏差较大"等，都可以继续分析。

2. 方法方面

（1）饼分图应从 12 点位置起按顺时针从大到小绘制。

（2）效果检查建议应用饼分图，便于与现状调查的数据进行直观比较。

案例 2　研制电缆牵引绳展放回收装置（创新型课题）

××电力工程有限责任公司××QC 小组

1. 小组简介

某电力工程有限责任公司××QC 小组成立于 2013 年 1 月，先后完成 QC 成果 9 项，成功申请专利 6 项。小组概况见表 7-10。

表 7-10　小组概况

小组名称	××QC 小组		
课题名称	研制电缆牵引绳展放回收装置		
课题类型	创新型	注册时间	2016 年 3 月
活动频率	每月 2 次	注册编号	GDW1707-QC532-2016
活动次数	12 次	活动日期	2016 年 3 月—10 月
活动出勤率	100%	TQM 教育情况	人均 48h

（续）

小组成员概况					
小组成员	性别	年龄	文化程度	技术等级	小组分工
申×波	男	35	本科	助理工程师	方案策划
杨×	女	44	本科	高级工程师	成果撰写
王×	男	39	本科	高级工程师	技术指导
乔×凤	女	40	本科	工程师	成果指导
宋×勇	男	39	大专	工程师	统计试验
原×峰	男	29	大专	高级工	现场实施
朱×佳	男	29	大专	高级工	统计试验
刘×晖	女	29	本科	高级工	资料整理
任×	男	31	本科	高级工	统计试验
刘××	女	28	大专	助理工程师	资料整理
苏×	男	31	本科	工程师	现场实施
刘×	男	33	本科	工程师	现场实施
曾经获得荣誉	2015年××省电力公司班组创新成果一等奖；2016年××省质量管理协会QC成果一等奖；2017年××省建筑业协会工程建设优秀QC小组成果一等奖				

2. 选题背景

电力电缆是用于城市地下电网、变电站引出线、代替架空导线横穿铁路、高速公路地下传输等的绝缘电线，该电力工程有限责任公司所接触的电缆通常为35kV及以下电缆。

电力电缆开始敷设时，需要使用牵引绳将电缆线牵引至电缆沟或者电缆护管。工作开始之前需要先展放牵引绳为电缆敷设做准备，电缆敷设之后要将牵引绳进行回收。牵引绳展放和回收工作的进展速度直接影响到工程施工进度（图7-14）。

图7-14 传统电力电缆开始敷设方法

3. 选择课题

（1）问题的提出　随着城市规划和道路建设的推进，地埋电缆的使用越来越频繁，而电缆的敷设工作离不开电缆牵引绳，由于牵引绳为钢制材质，外表有润滑油，如果打弯则不易校直且油污严重。通常敷设一段电缆需要 100~400m 牵引绳，其展放、回收工作较为困难，需要 3~5 人才能完成。看似很简单的一项工作，却需要投入一定的人力和时间。

（2）问题分析　小组成员对班组日常工作中电缆敷设时牵引绳展放和回收所用时间及人数进行了统计，见表 7-11。

表 7-11　牵引绳展放和回收所用时间及人数统计表

序号	线路名称	牵引绳长度/m	牵引绳展放回收所用时间/min	牵引绳展放所用人数（人）
1	10kV 彩榆线	150	25	7
2	10kV 彩榆线	150	25	7
3	10kV 彩榆线	180	28	7
4	10kV 彩榆线	206	31	9
5	10kV 僧科线	300	52	11
6	10kV 僧科线	150	27	7
7	10kV 僧西线	300	63	11
8	10kV 僧西线	150	33	7
9	35kV 津文线	180	40	9
10	10kV 文城南线	110	24	7
平均		展放回收效率≈10m/min，平均每次用人≈4 人		

制表：刘×　　　　　　　　　　　　　　　　　　　　　　　　日期：2016 年 3 月 15 日

结论： 展放回收牵引绳工作效率为 10m/min，平均每次用 4 人，工作费时费力，迫切需要一种可解决此类问题的装置。

（3）课题查新　小组成员从国家专利信息网查询相关工具，经检索，目前网上没有电缆牵引绳展放回收装置（表 7-12）。

表 7-12　专利文献查询表

查新项目名称	电缆牵引绳展放回收装置	查新人员	原×
查新机构	国家专利局网站	查询时间	2016 年 6 月
查新目的	确定全国范围内此项目无人申报相关课题		
查新范围	中国电力科技成果数据库、中国科技旗杆全文数据库、中国学术论文数据库、中国企业产品数据库、中国专利数据库		
查新点和查新要求	查找牵引绳展放回收装置的相关工具、文献，确保研发的产品全国范围内无类似工具		
查新结论	目前网上没有电缆牵引绳展放回收装置		

制表：杨×　　　　　　　　　　　　　　　　　　　　　　　　日期：2016 年 3 月 18 日

（4）确定课题　通过专利查新和市场调研发现目前没有电缆牵引绳展放回收装置，故小组将本次活动课题确定为：研制电缆牵引绳展放回收装置。

4. 设定目标及目标可行性分析

（1）设定目标

目标一： 将电缆牵引绳展放回收工作效率由 10m/min 提高为 20m/min（图 7-15）。

目标二：平均工作人数从4人减少为1人（图7-16）。

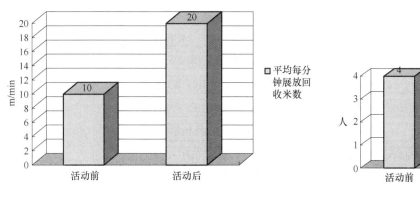

制图：申×× 　　　　　日期：2016年3月28日　　　制图：申×× 　　　　　日期：2016年3月28日

　　　图7-15　活动目标柱状图　　　　　　　　　　　图7-16　活动目标柱状图

（2）目标可行性分析　小组成员分别从人员、历史数据对比、资金、现场测试要求四方面对目标值进行了可行性分析，见表7-13。

表7-13　目标可行性分析表

分类	目标	依据
人员	专业设计能力	小组成员均系电力工程、机械设计等专业人才，其中本科生和研究生两名，具有丰富的课题研发能力
	方案实施能力	小组成员均具有多年的现场工作经验，具有较强的工作执行力和动手能力
数据对比	历史数据对比	从表7-11可以得知，展放和回收牵引绳的时间为每分钟10m，需要4人完成，工作时间和人力主要用在电缆的展放和回收，如果研制出的装置可以省去展放回收电缆的人力和工时，将牵引绳展放回收由每分钟10m提高到20m，仅用一人完成，是可以实现的
资金	资金保障	本课题得到了公司领导的高度重视，并给予资金上的大力支持
测试要求	现场测试要求	工具应尽量以轻便、耐用为主，否则搬运不便将造成不必要的困扰
	结论：本目标可行	

制表：原×　　　　　　　　　　　　　　　　　　　　　　　　　日期：2016年4月5日

5. 提出方案并确定最佳方案

（1）方案的提出　小组成员集思广益，运用头脑风暴法针对研制电缆牵引绳展放回收装置进行了讨论，并用亲和图归纳整理，如图7-17所示。

根据以上亲和图，QC小组决定从三个方案进行试验和分析，如图7-18所示。

（2）最优大方案的确定　根据亲和图，小组成员分别从成本、耗时、工具轻便性、操作人数和能否重复使用几个方面对以下方案进行试验和分析，见表7-14。

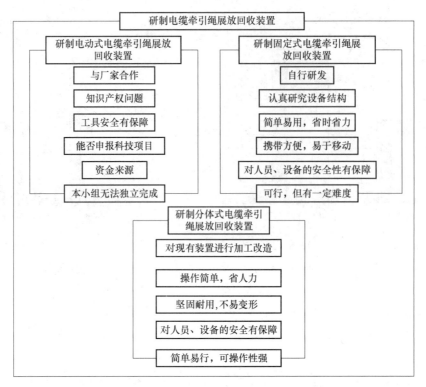

制图：刘×　　　　　　　　　　　　　　　日期：2016年5月2日

图 7-17　方案亲和图

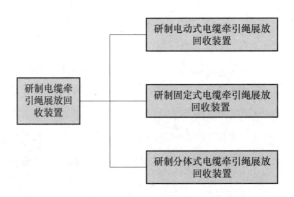

制图：原×　　　　　　　　　　日期：2016年5月5日

图 7-18　电缆牵引绳展放回收装置方案图

表 7-14　方案试验、分析表

方案一	测算分析	技术原理	特点分析
研制电动式电缆牵引绳展放回收装置	1. 需要外协单位共同开发 2. 工期为5个月 3. 重量 >20kg 4. 经咨询费用为5000~8000元 5. 操作人员1人	利用小型电动绞磨原理对电缆牵引绳展放和回收，和外协单位合作，设计转动装置的速度、力度调节系统	同外单位合作开发，技术力量强，工具借助电力启动，使用更加省力

时间：2016年5月5日　　　地点：工器具室　　　记录：刘×

(续)

方案二	测算分析	技术原理	特点分析
研制固定式电缆牵引绳展放回收装置	1. 自行研发 2. 工期2个月 3. 重量<15kg 4. 费用750元 5. 操作人员2人	设计固定式转线盘,利用车轮原理转动缠绕电缆牵引绳,将转线盘焊接在稳重的固定物上,防止使用时产生晃动	原理简单,可操作性高,工具易使用和保养

时间:2016年5月5日　　地点:工器具室　　记录:刘×

方案三	测算分析	技术原理	特点分析
研制分体式电缆牵引绳展放回收装置	1. 自行研发 2. 工期为1.5个月 3. 重量<13kg 4. 费用600元以下 5. 操作人员1人	设计分体式工具结构,利用车轮原理转动缠绕电缆牵引绳,将转线盘和转线盘的固定组织组装使用	原理简单,可拆装,工具材料便于循环利用,且携带方便

时间:2016年5月5日　　地点:工器具室　　记录:刘×

制表:刘×　　　　　　　　　　　　　　　　　　日期:2016年5月15日

根据以上的试验和分析,得出了一个最大方案选择汇总表,见表7-15。

表7-15　最大方案选择汇总表

序号	成本	耗时	工具轻便性	操作人数	重复使用
方案1	5000~8000元	5个月	重量>20kg	1人 ✓	不可
方案2	750元 ✓	2个月 ✓	重量<15kg ✓	2人	不可
方案3	600元 ✓	1.5个月 ✓	重量<13kg ✓	1人 ✓	可 ✓
结论	方案3 研制分体式电缆牵引绳展放回收装置				

制表:原×　　　　　　　　　　　　　　　　　　日期:2016年5月15日

根据以上分析,小组确认电缆牵引绳展放回收装置的最大方案,如图7-19所示。

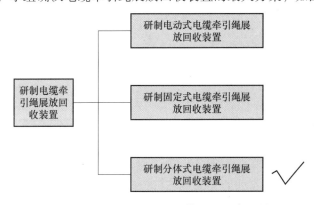

图7-19　电缆牵引绳展放回收装置最大方案图

(3) 最优细化方案的确定　为了有效达成目标，小组针对方案3进行优化，并制订方案3分解图（图7-20）。

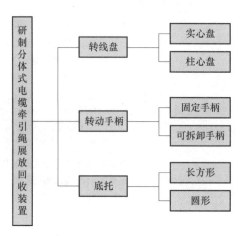

制图：原×　　　日期：2016年5月22日

图 7-20　方案 3 分解图

1) 转线盘的选择。转线盘圆盘骨架形似车轮，圆盘骨架部分为缠线部分，小组成员对圆盘骨架两边的转线盘板选择过程优化后，见表7-16。

表 7-16　转线盘选择优化分析表

	转线盘板的选择	
	实心盘板	柱心盘板
对比分析	优点：可以更好地固定线盘，防止左右摇晃倾斜 缺点：增加重量、成本相对较高	优点：重量轻、成本低，牵引绳两端可以绑在柱子上增加牵引绳展放回收的稳定性 缺点：线盘稳定性差，可以增加柱子以保证稳定
结论	不采用	采用

制表：刘×　　　　　　　　　　　　　　　　　　　　日期：2016年5月26日

2) 转动手柄的选择。小组成员对转动手柄的选择过程优化后进行分析，具体见表7-17。

3) 底托的选择。小组成员对底托的选择过程优化后分析见表7-18。

方案细化分解图如图7-21所示。

4) 确定工具的材质及规格。

① 柱心盘的设计要点（图7-22）。

表 7-17　转动手柄选择优化分析表

转动手柄的选择		
	固定手柄	可拆卸手柄
对比分析	优点：手柄和转线盘固定在一起，不容易丢失 缺点：增加本工具的横截面面积，日常搬运时不方便，并易卡住其他工具	优点：方便拆卸，不影响工具的搬运 缺点：无
结论	不采用	采用

制表：刘×　　　　　　　　　　　　　　　　　　　　日期：2016 年 5 月 26 日

表 7-18　底托选择优化分析表

底托的选择		
	长方形底托	圆形底托
对比分析	优点：牵引绳在展放和回收时能更好地稳定线盘，防止晃动，造价低、减少工具整体重量 缺点：无	优点：能够更好地承受线盘上的牵引绳重量，不容易变形 缺点：在展放和回收牵引绳时底盘不稳定，造价高、增加工具整体重量
结论	采用	不采用

制表：刘×　　　　　　　　　　　　　　　　　　　　日期：2016 年 5 月 26 日

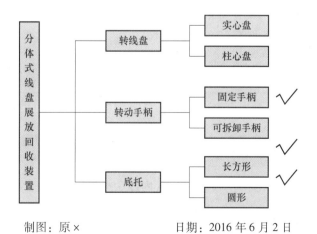

制图：原×　　　　　日期：2016 年 6 月 2 日

图 7-21　方案细化分解图

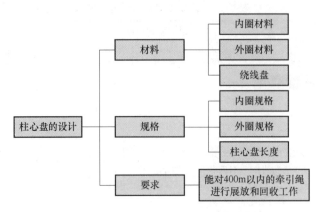

制图：刘×　　　　　　　　　　　日期：2016 年 6 月 7 日

图 7-22　柱心盘设计要点

小组成员对市场上金属材料进行调查，可以做成柱心盘的材料主要有 φ10cm 铝管、φ10cm 铝合金管、φ10cm 螺纹钢，经过分析对比见表 7-19。

表 7-19　柱心盘内圈材料选择分析表

材料	实物图片	力学工艺性能	研究对比	现场验证	分析结论
φ10cm 铝管		重量 2.5kg，屈服强度 ReH650（N/mm^2），抗拉强度 50（N/mm^2），延伸率 A32（%）	优点：材质较轻，便于搬运 缺点：强度较小，容易变形	现场试验时，由于材质较软，受力时容易变形	不采用
φ10cm 合金管		重量 5kg，屈服强度 ReH350（N/mm^2），抗拉强度 450（N/mm^2），延伸率 A36.5（%）	优点：强度大，耐锈蚀 缺点：造价比较高	造价远远高于另外两种材质	不采用
φ10cm 螺纹钢		重量 8kg，屈服强度 ReH400（N/mm^2），抗拉强度 400（N/mm^2），延伸率 A34.5（%）	优点：强度较硬不易变形 缺点：容易锈蚀	现场试验时能够承受压力和拉力，并且通过耐压试验符合标准	采用

制表：刘×　　　　　　　　　　　日期：2016 年 6 月 9 日

结论： 柱心盘内圈材料选用 φ10cm 螺纹钢。

因柱心盘采用焊接一体结构，因此柱心盘内圈、外圈及绕线盘采用相同材料，都选用 φ10cm 螺纹钢。

柱心盘内圈、外圈、长度的选择：日常展放牵引绳的型号为 φ12mm，小组成员将直径和其相近的 LGJX-50 的钢芯铝绞线线盘作为参照，将内圈直径确定为 35cm，外圈直径确定为 60cm，长度确定为 50cm。

② 可拆卸手柄的设计要点如图 7-23 所示。

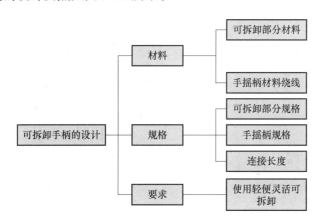

制图：刘×　　　　　　　　　　日期：2016 年 6 月 9 日

图 7-23　可拆卸手柄设计要点

可拆卸手柄材料的选择方法和柱心盘一致，选择 ϕ10cm 螺纹钢（表 7-20、表 7-21）。

表 7-20　可拆卸手柄规格选择分析表

	规格
选择标准	操作便捷省力
调查分析	按照力学原理设计成 Z 字形手柄，更易于手力的传动，分为可拆卸部分和手摇柄两个部分
结论	可拆卸部分的长度为 10cm，手摇柄的长度为 15cm、20cm
参与人：宋×、朱×	时间：2016 年 7 月 11 日　　制表人：原×

表 7-21　可拆卸手柄连接方式选择分析表

	连接方式		
选择标准	牢固可靠		
	方法	焊接	卡接
调查分析	原理	可拆卸部分和手摇柄焊接而成 ✓	可拆卸部分和手摇柄连接处刻有螺纹，旋转拧紧已达到连接的目的
	牢固性	焊接为一体，牢固性好 ✓	牢固可靠、拆卸方便
	活动性	一起转动，方便使用 ✓	可活动，容易生锈
结论	焊接		
参与人：原× 刘× 杨×	时间：2016 年 6 月 12 日　　制表人：乔×		

结论： 可拆卸手柄采用φ10cm螺纹钢，可拆卸部分和手摇柄通过焊接连接。

③ 底托的设计要点（图7-24）。

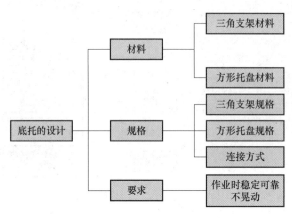

制图：原×　　　　　　　　日期：2016年7月10日

图7-24　底托的设计要点

底托材料的选择方法和柱心盘一致，也选择钢制材料，从其结构考虑只能选择与地面接触面积大的角钢，即常用的∟40×40×4角钢。三角支架规格选择分析见表7-22，方形托盘规格选择分析见表7-23。

表7-22　三角支架规格选择分析表

	规格
选择标准	支撑力强
调查分析	三角支架是柱心盘和托盘的连接部分，必须能将两部分可靠连接，确保作业时不发生晃动。柱心盘外圈的直径为60cm，所以三角支架跨度不能小于60cm，三脚架的高度不能小于30cm，因三脚架上方需与柱心盘连接，故应有盈余长度，所以三脚架高度为40cm
结论	跨度60cm，高度40cm

参与人：杨×、朱×　　时间：2016年7月12日　　制表人：原×

表7-23　方形托盘规格选择分析表

	规格
选择标准	减少对接触地面的压力
调查分析	方形托盘的宽度应稍大于柱心盘长度，太宽易引起作业时柱心盘左右晃动，故设定其宽度为55cm，方形托盘面积越大，对地接触压力越小，作业时越稳定。作业时，作业侧压力大，因此将方形托盘设计为向作业面延展的形状，综合考虑轻便的需要，故设定其长度为110cm
结论	宽度55cm，长度110cm

参与人：杨×、朱×　　时间：2016年7月12日　　制表人：原×

底托的连接方式与可拆卸手柄一致，采用焊接。

结论：底托采用L 40×40×4角钢，其三角支架跨度60cm，高度40cm，方形托盘宽度55cm，长度110cm，用焊接方式连接。

5）最终细化方案的确定　电缆牵引绳展放回收装置最终方案细化图如图7-25所示。

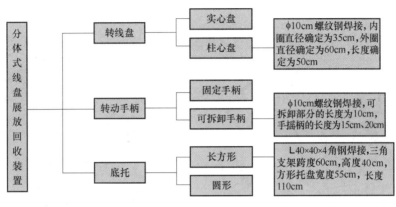

制图：原×　　　　　　　　　　　　　　　　日期：2016年7月12日

图7-25　最终方案细化图

6. 制订对策

根据已定的牵引绳展放回收装置研制的最佳方案，小组制订了对策实施表（表7-24）。

表7-24　对策实施表

序号	对　策	目　标	措　施	地点	完成时间	责任人
1	制作用 ϕ10cm 螺纹钢焊接，内圈直径35cm、外圈直径60cm、长度50cm的转线盘	误差≤0.5cm，能对400m以下的牵引绳进行展放和回收工作	1. 绘制转线盘图样 2. 测量尺寸 3. 用钢制材料制作 4. 测量检查误差	办公室	2016年7月17日	原×
2	制作用 ϕ10cm 螺纹钢焊接，可拆卸部分长度为10cm，手摇柄长度为15cm、20cm的转动手柄	误差≤0.5cm，使用方便灵活、可从转线盘上拆卸	1. 绘制转动手柄图样 2. 测量尺寸 3. 用钢制材料制作 4. 测量检查误差	班组仓库	2016年7月18日	朱×
3	制作用L 40×40×4角钢焊接，三角支架跨度60cm，高度40cm，方形托盘宽度55cm，长度110cm的底托	误差≤0.5cm，作业时能够稳定可靠不晃动	1. 绘制底托图样 2. 测量尺寸 3. 用钢制材料制作 4. 测量检查误差	班组仓库	2016年7月19日	原×
4	将制作好的各部件组装并模拟试验	将牵引绳展放和回收提高到每分钟20m，并且一个人就能轻松完成	将制作好的各部件安装并试验，查看效果	施工现场	2016年7月20日	朱×

制表：刘×　　　　　　　　　　　　　　　　日期：2016年7月25日

7. 对策实施

（1）实施一　制作用 φ10cm 螺纹钢焊接，内圈直径为 35cm，外圈直径为 60cm，长度为 50cm 的转线盘。目标：能对 400m 以下的牵引绳进行展放和回收工作。

1）绘制转线盘图样。

2）小组成员通过测量确定好转线盘内圈、外圈尺寸和长度。

3）小组成员根据图样用 φ10cm 螺纹钢焊接转线盘，如图 7-26 和图 7-27 所示。

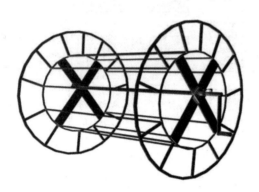

制图：乔×　　日期：2016 年 8 月 3 日

图 7-26　转线盘和转动手柄

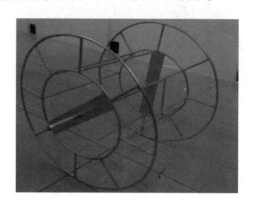

拍摄：原×　　日期：2016 年 8 月 3 日

图 7-27　转线盘和转动手柄实物图

4）测量检查误差。小组成员对制作好的转线盘进行测量检查，转线盘测量误差表见表 7-25，误差均在 ±0.5cm 以内。

表 7-25　转线盘测量误差表

	目标/cm	测量结果/cm						误差/cm
		第1次	第2次	第3次	第4次	第5次	平均	
内圈直径35cm	35	35.2	34.6	35.1	35	35.2	35.02	0.02
外圈直径60cm	60	60.1	60.2	60	59.9	59.8	60	0
长度50cm	50	49.9	50.2	50.1	49.7	49.8	49.94	-0.06

制表：原×　　日期：2016 年 8 月 4 日

小组成员对转线盘是否能够承受 400m 牵引绳以内的展放和回收进行了统计，结果如表 7-26。

表 7-26　转线盘操作数据统计表

牵引绳长度/m	试验次数（次）	是否能够承受	转线盘损坏	操作人员	记录人员	试验日期
240	10	能	无	刘×	原×、朱×	2016 年 8 月 24 日
300	10	能	无	任×	刘×、朱×	2016 年 8 月 25 日
400	10	能	无	朱×	刘×、原×	2016 年 8 月 26 日

制表：原×　　日期：2016 年 9 月 5 日

由表 7-25、表 7-26 可看出，转线盘能够承受 400m 以内的牵引绳展放和回收工作，目标一实现。

（2）实施二　制作用 φ10cm 螺纹钢焊接，可拆卸部分长度为 10cm，手摇柄长度为 15cm、20cm 的转动手柄。目标：使用方便灵活、可从转线盘上拆卸。

1）绘制转动手柄图样（图 7-28）。

2）小组成员通过测量确定转动手柄可拆卸部分长度、手摇柄长度。

3）小组成员根据图样用 φ10cm 螺纹钢焊接转动手柄，转动手柄实物图如图 7-29 所示。

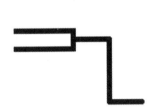

制图：乔×　　日期：2016 年 9 月 8 日

图 7-28　转动手柄绘制图

拍摄：杨×　　日期：2016 年 9 月 11 日

图 7-29　转动手柄实物图

4）测量检查误差。小组成员对制作好的转动手柄进行测量检查，转动手柄测量误差表见表 7-27，误差均在 ±0.5cm 以内。

表 7-27　转动手柄测量误差表

项　　目	目标/cm	测量结果/cm						误差/cm
		第 1 次	第 2 次	第 3 次	第 4 次	第 5 次	平均	
可拆卸部分长 10cm	10	10.2	9.6	10.1	9.8	9.9	9.92	-0.08
手摇柄长 15cm	15	15.1	15.2	15	14.9	15	15.04	0.04
手摇柄长 20cm	20	19.9	20.2	20.1	19.7	19.8	19.94	-0.06

制表：刘×　　　　　　　　　　　　　　　　　　　　　　　　　　　　日期：2016 年 9 月 12 日

小组成员对转动手柄使用是否能够方便灵活、可从转线盘上拆卸进行统计，转动手柄操作数据统计表见表 7-28。

表 7-28　转动手柄操作数据统计表

试验次数	是否方便灵活	可轻松从转线盘上拆卸	操作人员	记录人员	试验日期
10	是	是	杨×	王×、刘×	2016 年 8 月 27 日
10	是	是	王×	杨×、原×	2016 年 8 月 28 日
10	是	是	刘××	朱×、任×	2016 年 8 月 29 日
10	是	是	刘××	苏×、刘×	2016 年 8 月 29 日

制表：原×　　　　　　　　　　　　　　　　　　　　　　　　　　　　日期：2016 年 9 月 13 日

由表 7-28 可看出转动手柄使用灵活方便、可轻松拆卸。目标二实现。

（3）实施三　制作用∟40×40×4 角钢焊接，三角支架跨度 60cm，高度 40cm，方形托盘宽度 55cm，长度 110cm 的底托。目标：作业时能够稳定可靠不晃动。

1）绘制底托图样（图7-30）。
2）小组成员通过测量确定底托三角支架和托盘尺寸。
3）小组成员根据图样用∟40×40×4角钢焊接底托，底托实物图如图7-31所示。

制图：原×　　　　日期：2016年9月15日

图7-30　底托绘制图样

拍摄：仁×　　　　日期：2016年9月15日

图7-31　底托实物图

4）测量检查误差。小组成员对制作好的底托进行测量检查，测量结果见表7-29，误差均在±0.5cm以内。

表7-29　底托测量误差表

	目标/cm	测量结果/cm						误差/cm
		第1次	第2次	第3次	第4次	第5次	平均	
三角支架跨度60cm	60	59.8	60	59.9	59.7	59.9	59.86	-0.14
三角支架高度40cm	40	40.1	39.8	39.7	40	40.1	39.94	-0.06
方形托盘宽度55cm	55	55	54.9	55.2	55.1	55.1	55.06	0.06
方形托盘长110cm	110	110.2	109.9	109.8	110	110	109.98	-0.02

制表：刘×　　　　　　　　　　　　　　　　　日期：2016年9月17日

小组成员对底托在展放和回收牵引绳时是否稳定可靠，转线盘不左右晃动进行了统计，底托操作数据统计表见表7-30。

表7-30　底托操作数据统计表

牵引绳长度/m	试验次数（次）	是否稳定可靠不晃动	操作人员	记录人员	试验日期
240	10	能	刘×	原×、朱×	2016年9月17日
300	10	能	任×	刘×、朱×	2016年9月18日
400	10	能	朱×	刘×、原×	2016年9月18日

制表：原×　　　　　　　　　　　　　　　　　日期：2016年9月20日

由表7-30可看出，底托在转线盘展放和回收牵引绳时，能够保证稳定可靠、不进行左右晃动，目标三实现。

（4）实施四　将制作好的各部件组装并模拟试验。目标：将牵引绳展放和回收速度提高到每分钟20m，并且一个人就能轻松完成。

将制作完成的转线盘、转动手柄和底托分别组装在一起（图7-32）。

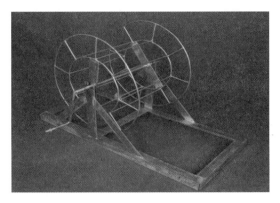

拍摄：刘×　　　　　　　　　日期：2016 年 9 月 21 日

图 7-32　牵引绳展放回收装置实物图

小组成员将制作完成的牵引绳展放回收装置组装起来并搬运到施工现场进行试验，一个人利用本装置就能够快速轻松地展放并回收牵引钢丝绳。试验结果见表 7-31。

表 7-31　电缆牵引绳展放回收装置模拟试验统计表

序号	线　路　名　称	牵引绳长度/m	牵引绳展放所用时间/min	牵引绳展放所用人数（人）
1	10kV 彩榆线	150	7	1
2	10kV 彩榆线	160	7	1
3	10kV 彩榆线	170	9	1
4	10kV 彩榆线	206	10	1
5	10kV 僧科线	310	18	1
6	10kV 僧科线	165	8	1
7	10kV 僧西线	330	16	1
8	10kV 僧西线	170	8	1
9	35kV 津文线	180	8	1
10	10kV 文城南线	110	6	1
平均	展放回收效率≈20m/min，平均每次用人≈1 人			

制表：原×　　　　　　　　　　　　　　　　　　　　　　日期：2016 年 9 月 20 日

如图 7-33 所示是牵引绳展放回收装置模拟试验图。目标四实现。

拍摄：刘×　　　　　　　　　日期：2016 年 9 月 20 日

图 7-33　牵引绳展放回收装置模拟试验图

8. 效果检查

（1）目标值完成情况　小组将该装置运用到日常电缆牵引绳展放回收工作中，并对工作效率和使用人数进行统计，见表 7-32。

表 7-32　使用电缆牵引绳展放回收装置数据统计表

序号	线路名称	牵引绳长度/m	牵引绳展放所用时间/min	牵引绳展放所用人数（人）
1	10kV Ⅰ 津开线	110	6	1
2	10kV Ⅰ 津开线	160	7	1
3	35kV 青马线	270	13	1
4	35kV 青马线	206	10	1
5	10 千伏 Ⅱ 津开线	280	15	1
6	35kV 胡孟线	330	16	1
7	35kV 胡孟线	150	8	1
8	10 千伏 Ⅲ 津开线	170	7	1
平均		展放回收效率≈20m/min，平均每次用人≈1 人		

制表：原×　　　　　　　　　　　　　　　　　　　日期：2016 年 10 月 2 日

目标一：电缆牵引绳展放回收工作效率由 10m/min 提高为 20m/min（图 7-34）。

目标二：平均工作人数从 4 人减少为 1 人（图 7-35）。

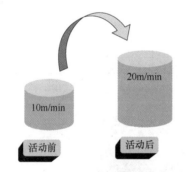
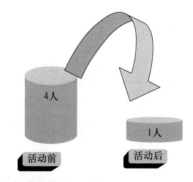

制图：刘×　　日期：2016 年 10 月 2 日　　制图：原×　　日期：2016 年 10 月 2 日

图 7-34　目标一活动前后对比图　　　　图 7-35　目标二活动前后对比图

上述结果表明实现了目标。

（2）效果分析

1) 经济效益：本次课题花费：材料费 400 元，组装焊接费 100 元，共 500 元。

在牵引绳展放回收装置投入使用后，展放回收效率由原来平均 10m/min 提高到平均 20m/min，由原 4 人展放回收减少为 1 人完成，提高了电缆敷设的工作效率，加快了施工进度，节省了人力。按照目前的工程定额取费每人费用为 280 元/天，单次可节省人工费 280 元/天×3 天＝840 元。

2) 社会效益:牵引绳展放回收装置可应用于施工现场所有牵引绳(钢丝绳)的展放和回收工作。该装置简单易用,降低了施工人员的劳动强度,提高了现场施工的效率,具有较强的推广价值。

9. 标准化实施

1) 经过专业质量检查,检测该装置各项指标是否符合生产要求,并将该工具列入每年安全装置试验的范畴。

2) 将牵引绳展放回收装置的研制过程编写技术报告并存档,并组织班组成员学习使用方法,在生产工作中推广。

3) 统一编写《牵引绳展放回收装置使用说明书》,明确了装置的结构组成、操作方法以及注意事项,方便推广使用。

4) 编写《牵引绳展放回收装置操作管理规程》,将此装置应用到日常管理中。

10. 总结及下一步打算

(1) 质量管理活动总结 通过本次质量管理活动的开展,成功研制出牵引绳展放回收装置,及时解决了目前在电缆敷设前牵引绳准备工作缓慢并浪费人力的问题,提高了工作效率。同时,本次质量管理活动也极大增强了小组成员的团队精神、创新意识以及运用质量管理知识进行课题攻关的能力,为以后深入开展质量管理活动打下了良好的基础。表7-33是小组成员评价表,图7-36是小组综合素质雷达图。

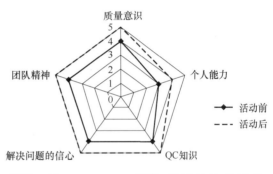

制图:刘×   日期:2016年11月26日

图7-36　小组成员综合素质雷达图

表7-33　小组成员评价表

项目	自我评价	
	活动前(分)	活动后(分)
质量意识	4	5
个人能力	3	4
QC知识	4	5
解决问题的信心	4	5
团队精神	4	5

制表:刘×   日期:2016年11月12日

(2) 下一步打算　2017年,小组将继续开展质量管理活动,继续去探讨、解决实践中遇到的问题。针对杆塔焊接中遇到焊接、对接困难的问题,QC小组将下次的质量管理课题确定为:研制新型杆塔焊接工具。

11. 研制电缆牵引绳展放回收装置成果综合评价

(1) 总体评价　该课题为创新型课题，小组成员通过专利查新和市场调研发现目前没有电缆牵引绳展放回收装置，但是电缆牵引绳展放回收工作又是电力电缆敷设的必要步骤，于是小组成员针对这个现状开展 QC 小组创新活动，成功研制出一种新型电缆牵引绳展放回收装置，电缆牵引绳展放回收工作效率提高到 20m/min，平均工作人数减少为 1 人，顺利实现了课题目标。成果基本遵循 PDCA 循环，针对需求进行了借鉴查新，目标量化可检查，提出方案并通过试验进行比选，方案均具有对比性和独立性，事实和数据充分，针对细化最佳方案制订对策，对策表表头齐全，对策目标量化，实施过程图文并茂，每项对策实施后均收集数据检查实施效果，活动效果较显著。成果应用了柱状图、头脑风暴法、亲和图、系统图、雷达图等常用统计工具。但是成果对统计工具的应用上还有改进空间。希望小组进一步加强质量管理基础知识的学习，勇于实践，不断提高活动水平和成果整理水平。

(2) 不足之处

1) 程序方面。
① 题目建议改为电缆牵引绳展放回收装置的研制。
② 成果总结不全面，未从专业技术、管理技术、综合素质三方面系统总结。

2) 方法方面。
① 亲和图框线建议加以标识，以便能清晰地显示出相互关系。
② 雷达图绘制不规范，应为同心圆。

案例3　提高路基工程排水沟施工合格率

×××交通建设有限公司新桥项目部××QC 小组

1. 工程概况

本项目起点接××高速公路新桥互通，路线向东跨越××线，沿途经高塘村、高湾村南侧，终点采用菱形互通与××南线相交。

该项目按一级公路，双向四车道，设计速度 100km/h，路基宽度 26m 的标准建设，沥青混凝土路面，全线设特大桥 2200m 1 座，中桥 98m 1 座，互通 2 座，通道 14 道，主线涵洞 29 道，改路涵洞 37 道，路基土石方填方共 68 万 m^3，挖方共 25 万 m^3。项目施工总工期 30 个月。

2. 小组概况

小组成员简介见表7-34。

3. 选题理由

项目要求施工合格率应大于 95%；而全线工程排水沟长度 9900.3m，边沟长度

11312.2m，工程量大且道路线形多变，排水沟施工质量对整个工程质量影响大，目前施工合格率只有87.22%。因此，选定课题为提高路基工程排水沟施工合格率。

表7-34 QC小组成员概况表

课题名称	提高路基工程排水沟施工合格率			
小组名称	××公司新桥项目部QC小组		课题类型	现场型
注册日期	2017年4月18日	小组注册号 LHJS/QC 2017-01	课题注册号	LHJS/QC 2017-01K
小组成员	姓名	职务	文化程度	小组职务	小组分工
	陆×	公司副总	本科	组长	全面管理
	黄×	项目经理	硕士	副组长	技术管理
	杜×	路基负责人	本科	副组长	方案策划
	蒋×	技术负责人	本科	组员	技术指导
	顾×	质检负责人	本科	组员	质量检测
	刘×	资料员	本科	组员	数据分析
	吴×	试验负责人	本科	组员	试验检测
	王×	测量员	大专	组员	现场测量
	孙×	施工员	大专	组员	活动实施
	文×	混凝土班组长	大专	组员	现场施工
	范×	模板班组长	高中	组员	现场施工
	文×	钢筋班组长	高中	组员	现场施工
全组人员12人		接受QC教育课36课时以上			

制表：刘× 　　　　　　　　　　　　　　　　　　　　　　　日期：2017年10月

4. 现状调查

现状调查之前，为了对排水沟施工质量进行有针对性的评价，QC小组查阅相关规范，对排水沟施工质量控制指标进行了调查（表7-35）。

表7-35 排水沟施工质量控制指标表

序号	控制指标	指标性质	控制要求	备注
1	强度	基本要求	合格	
2	轴线偏位	允许偏差项目	≤50mm	
3	沟底高程	允许偏差项目	±15mm	
4	直顺度	允许偏差项目	≤30mm	
5	断面尺寸	允许偏差项目	±30mm	

制表：刘× 　　　　　　　　　　　　　　　　　　　　　　制表时间：2017年5月

通过对现状调查了解，QC小组发现排水沟强度指标都能满足要求，排水沟的施工合格率问题主要集中在直顺度、轴线偏位、沟底高程、断面尺寸几个方面。QC小组在工程全线设置了90个测点进行调查，排水沟的施工合格率调查表见表7-36，排水沟不合格指标分布图如图 7-37 所示。

表 7-36 排水沟的施工合格率调查表

序号	控制指标	要求/mm	实测值/mm										不合格率(%)
			第1次	第2次	第3次	第4次	第5次	第6次	第7次	第8次	第9次	第10次	
1	直顺度	≤30	13	5	35	23	33	12	6	9	9	11	20.00
			7	6	9	33	9	3	6	32	8	6	
			4	7	6	16	3	12	6	38	32	5	
			41	8	40	5	12	7	4	7	6	14	
			35	45	5	6	2	5	9	3	8	55	
			24	3	9	7	37	41	3	12	6	13	
			4	7	6	51	19	9	33	9	13	1	
			11	6	38	12	9	7	31	0	3	9	
			16	13	8	7	12	11	4	36	8	11	
2	轴线偏位	≤50	21	17	0	22	1	60	3	13	13	8	8.89
			3	10	10	31	20	61	11	21	14	7	
			21	20	11	63	13	8	8	9	12	31	
			21	17	17	16	20	74	18	31	9	20	
			31	41	61	0	2	22	9	11	7	7	
			31	31	13	20	55	11	21	30	20	22	
			2	27	51	11	21	14	0	13	2	10	
			18	19	19	6	9	9	32	11	12	27	
			28	26	16	17	11	23	54	21	32	17	
3	沟底高程	±15	−7	2	1	10	2	−9	2	−1	2	17	15.56
			0	9	0	9	13	17	−2	1	11	3	
			−23	−2	0	0	12	2	19	−2	−7	0	
			−6	−2	0	12	18	−1	12	0	11	1	
			−15	18	13	0	−8	1	0	9	0	12	
			0	0	12	2	11	0	16	9	2	−1	
			−17	1	2	−2	21	−7	0	2	0	6	
			8	7	−7	−9	19	0	17	6	7	−3	
			−22	5	8	−9	−9	11	7	11	13	14	
4	断面尺寸	±30	2	6	32	−6	−4	9	−4	1	3	8	6.67
			17	−7	8	7	−7	3	−7	18	−9	11	
			−11	−9	0	12	8	4	−5	9	5	8	
			6	6	2	12	11	13	21	41	17	10	
			−16	−4	12	−4	21	3	15	9	−3	7	
			−29	−3	7	−7	9	−8	0	−7	8	11	
			−7	8	14	−5	7	16	2	15	42	0	
			−33	21	11	12	32	7	−7	9	9	10	
			11	12	−9	6	4	8	7	0	37	−4	
合计			检测点数(个)			360			不合格点数			46	12.78

制表：刘× 　　　　　　　　　　　　　　　　　　　　制表时间：2017 年 5 月

从图7-35中可以看出，直顺度和沟底高程两项指标是造成排水沟施工不合格的主要指标，占69.56%。如果完全消除掉这两项缺陷，依据以上数据理论测算：(360-6-8)/360×100% = 96.11%，即路基排水沟施工合格率提高到96.11%，为设定目标提供依据。

5. 设定目标

本次活动目标设定为：将排水沟质量合格率提升至95%以上（图7-38）。

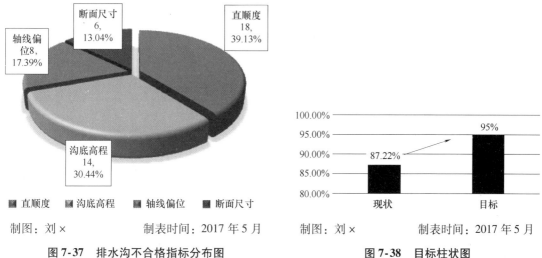

图7-37 排水沟不合格指标分布图　　　　图7-38 目标柱状图

6. 原因分析

质量管理小组成员通过头脑风暴法，运用关联图从"人、机、料、法、环"五个方面综合分析影响路基排水沟施工合格率的原因（图7-39）。

7. 要因确认

××交通建设有限公司新桥项目QC小组针对影响路基排水沟施工合格率的因素分析进行统计，共计有9项末端因素：地质较差、场地狭小、意识不足、模板破损变形、培训不足、用工紧张、边施工边通车、混凝土搅拌机搅拌不充分、成品保护不到位（表7-37）。针对9项末端因素，QC小组进行了逐项分析、排查，以确认主要因素（表7-38~表7-52）。

表7-37 要因确认计划表

序号	末端因素	确认方法	确认内容	确认依据	验证人	确认时间
1	地质较差（土质基槽不均匀沉降）	现场测量	土质基槽是否发生不均匀沉降	沟底高程变化±15mm以内	顾×	2017年5月25日
2	场地狭小（成品保护不到位）	调查分析	施工人员是否对成品排水沟发生碰撞	碰撞损伤小于5%	顾×	2017年5月26日
3	混凝土搅拌机搅拌不充分	现场试验	混凝土是否满足要求	坍落度符合配合比设计指标	吴×	2017年5月26日

（续）

序号	末端因素	确认方法	确认内容	确认依据	验证人	确认时间
4	边施工边通车	调查分析	运输车辆是否对成品排水沟发生碰撞	碰撞损伤小于5%	吴×	2017年5月25日
5	模板破损变形	现场调查	模板安装是否到位	新浇筑排水沟模板安装合格率大于95%	刘×	2017年5月29日
6	成品保护不到位	现场调查	现场对成品排水沟是否有保护	新完成的排水沟保护程度	刘×	2017年5月27日
7	培训不足（技能不熟练）	调查分析	施工人员技能素质水平	技能熟练度大于90%	孙×	2017年5月27日
8	意识不足	问卷调查	施工人员意识是否到位	了解率大于95%	孙×	2017年5月28日
9	用工紧张	调查分析	施工人员安排是否合理	现场职工人数满足进度计划需要	刘×	2017年5月27日

制表：刘×　　　　　　　　　　　　　　　　　　　　　　　　　制表时间：2017年5月

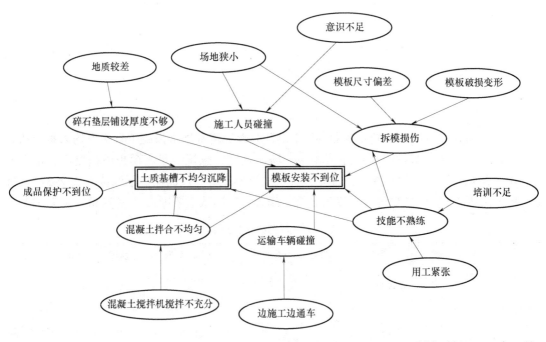

制图：刘×　　　　　　　　　　　　　　　　　　　　　　　　　制表时间：2017年5月

图7-39　影响路基排水沟施工合格率的关联图

表 7-38 要因确认一

末端因素	土质基槽不均匀沉降		
确认方法	现场测量	确认人	顾×
确认标准	沟底高程变化±15mm 以内	确认时间	2017 年 5 月 25 日
确认过程	2017 年 5 月 25 日，QC 小组成员顾×到现场实地对控制指标不合格的测点进行现场测量		
验证情况	根据现场实测，不合格测点共 46 点，因为地质较差引起的土质基槽不均匀沉降引起的沟底高程不符合要求 11 处 沟底高程实测值数据见表 7-39		
结论	要因		

表 7-39 沟底高程实测值数据

控制指标	要求/mm	实 测 值									
		第1次	第2次	第3次	第4次	第5次	第6次	第7次	第8次	第9次	第10次
沟底高程	±15	-7	2	1	10	2	-9	2	-1	2	17
		0	9	0	9	13	17	-2	1	11	3
		-23	-2	0	0	12	2	19	-2	-7	0
		-6	-2	0	12	18	-1	12	0	11	1
		-15	18	13	0	-8	1	0	9	0	12
		0	0	12	2	11	0	16	9	2	-1
		-17	1	2	-2	21	-7	0	2	0	6
		8	7	-7	-9	19	0	17	6	7	-3
		-22	5	8	-9	-9	11	7	11	13	14

表 7-40 要因确认二

末端因素	场地狭小（成品保护不到位）		
确认方法	调查分析	确认人	刘×
确认标准	碰撞损伤小于 5%	确认时间	2017 年 5 月 26 日
确认过程	2017 年 5 月 26 日，QC 小组成员刘×到现场调查询问施工负责人及现场施工人员		
验证情况	根据现场询问调查，46 个不合格测点中因为施工人员碰撞所造成的控制指标不合格的点为 0 处		
结论	非要因		

表 7-41 要因确认三

末端因素	混凝土搅拌机搅拌不充分		
确认方法	现场试验	确认人	刘×
确认标准	坍落度符合配合比设计指标	确认时间	2017 年 5 月 26 日
确认过程	2017 年 5 月 26 日由 QC 小组成员刘×在排水沟浇筑过程中对混凝土配合比进行了查阅，并到现场核对了原材料保证资料及现场质量，现场混凝土拌和采用强制式搅拌机，拌和过程中原材料计量准确		

(续)

末端因素	混凝土搅拌机搅拌不充分		
确认方法	现场试验	确认人	刘×
验证情况	混凝土拌和规范,坍落度满足设计指标要求		
结论	非要因		

表 7-42 要因确认四

末端因素	边施工边通车		
确认方法	调查分析	确认人	刘×
确认标准	碰撞损伤小于5%	确认时间	2017年5月25日
确认过程	2017年5月26日,QC小组决定由小组成员刘×到现场调查询问施工负责人及现场运输车辆驾驶员。		
验证情况	根据现场询问调查,46个不合格测点中因为运输车辆碰撞所造成的控制指标不合格的点为0处。		
结论	非要因		

表 7-43 要因确认五

末端因素	模板破损变形		
确认方法	现场调查	确认人	吴×
确认标准	新浇筑排水沟模板安装合格率大于95%	确认时间	2017年5月29日
确认过程	2017年5月29日由QC小组成员吴×在排水沟模板安装过程中进行检查记录		
验证情况	不合格测点46点,因为模板安装不到位引起的直顺度不符合要求8处,断面尺寸不符合要求5处 直顺度实测值数据见表7-44		
结论	要因		

表 7-44 直顺度及断面尺寸实测值数据

控制指标	要求/mm	实测值									
		第1次	第2次	第3次	第4次	第5次	第6次	第7次	第8次	第9次	第10次
直顺度	≤30	13	5	35	23	33	12	6	9	9	11
		7	6	9	33	9	3	6	32	8	6
		4	7	6	16	3	12	6	38	32	5
		41	8	40	5	12	7	4	7	6	14
		35	45	5	6	2	5	9	3	8	55
		24	3	9	7	37	41	3	12	6	13
		4	7	6	51	19	9	33	9	13	1
		11	6	38	12	9	7	31	0	3	9
		16	13	8	7	12	11	4	36	8	11

(续)

控制指标	要求/mm	实测值									
		第1次	第2次	第3次	第4次	第5次	第6次	第7次	第8次	第9次	第10次
断面尺寸	±30	2	6	32	-6	-4	9	-4	1	3	8
		17	-7	8	7	-7	3	-7	18	-9	11
		-11	-9	0	12	8	4	-5	9	5	8
		6	6	2	12	11	13	21	41	17	10
		-16	-4	12	-4	21	3	15	9	-3	7
		-29	-3	7	-7	9	-8	0	-7	8	11
		-7	8	14	-5	7	16	2	15	42	0
		-33	21	11	12	32	7	-7	9	9	10
		11	12	-9	6	4	8	7	0	37	-4

制表：刘× 　　　　　　　　　　　　　　　　　　　　　制表日期：2017年5月

表7-45　要因确认六

末端因素	成品保护不到位		
确认方法	现场调查	确认人	刘×
确认标准	新完成的排水沟保护程度	确认时间	2017年5月27日
确认过程	QC小组人员在现场询问了现场负责人是否采取措施，采取了哪些对排水沟的保护措施，并现场查验了排水沟的保护措施		
验证情况	通过现场查验，现场对排水沟的保护措施十分到位		
结论	非要因		

表7-46　要因确认七

末端因素	培训不足（技能不熟练）		
确认方法	调查分析	确认人	孙×
确认标准	技能熟练度大于90%	确认时间	2017年5月27日
确认过程	2017年5月27日由QC小组成员孙×对现场的施工人员技能素质调查分析		
验证情况	通过对现场14名施工人员测试，达到技能熟练程度的有14人，合格率为100% 施工班组考核情况见表7-47		
结论	非要因		

表7-47　施工班组技能考核情况

施工班组	班组人数	考核情况			合格率	优良率
		不合格	合格	优良		
混凝土班组	5	0	1	4	100%	80%
钢筋班组	5	0	0	5	100%	100%
模板班组	4	0	0	4	100%	100%
合计	14	0	1	13	100%	92.9%

制表：刘× 　　　　　　　　　　　　　　　　　　　　　制表日期：2017年5月

表 7-48 要因确认八

末端因素	意识不足		
确认方法	调查分析	确认人	孙×
确认标准	了解率大于95%	确认时间	2017年5月28日
确认过程	为了了解现场施工人员质量意识、创优意识，小组人员根据本工程的质量目标、创优计划以及排水沟基本质量控制指标制作了问卷，对现场14名工人发放了问卷，了解工人的质量意识、创优意识		
验证情况	通过对14名施工人员测试，合格率100% 施工班组意识考核情况见表7-49		
结论	非要因		

表 7-49 施工班组意识考核情况

施工班组	班组人数	考核情况		合格率
		不合格	合格	
混凝土班组	5	0	5	100%
钢筋班组	5	0	4	100%
模板班组	4	0	5	100%
合计	14	0	14	100%

制表：刘×　　　　　　　　　　　　　　　　　　　　　　　　　制表日期：2017年5月

表 7-50 要因确认九

末端因素	用工紧张		
确认方法	调查分析	确认人	孙×
确认标准	现场职工人数满足进度计划需要	确认时间	2017年5月27日
确认过程	QC小组人员了解了项目部针对用工紧张的针对性措施；现场走访了一线工人，听取了班组长用工情况安排；查阅了项目部施工记录，核对了人员变化情况，对比了施工进度计划与实际完成情况		
验证情况	职工人数满足进度计划需求		
结论	非要因		

经过QC小组成员分析确认，确定影响路基排水沟合格率的主要原因如下：
1）土质基槽不均匀沉降。
2）模板安装不到位。

8. 制订对策

QC小组针对影响路基排水沟合格率的主要因素，召集全员多次讨论，制订了相关对策、目标等（表7-51）。

表7-51 对策表

序号	要因	对策	目标	措施	地点	完成时间	责任人
1	地质较差（土质基槽不均匀沉降）	铺设碎石垫层	控制基槽的不均匀沉降，使合格率达到95%以上	1. 基槽开挖后，采用人工整平拍实基底 2. 铺设足够厚度的碎石垫层 3. 关注不均匀沉降引起的沟底高程变化 4. 控制线性不顺	排水沟施工现场	2017年7月31日	孙× 吴×
2	模板破损变形	制订模板安装的标准	提高模板安装质量，使其尺寸的精确度达到95%以上	1. 严格控制模板原材料质量，严禁以次充好 2. 对现场施工人员进行技术交底，严格控制模板安装的精确度	排水沟施工现场	2017年7月31日	蒋× 顾×

制表：刘× 制表时间：2017年8月5日

9. 对策实施

（1）实施一 基槽底铺设碎石。

1）人工整平基底。2017年6月10日—6月11日由QC小组成员孙×对施工人员交底了排水沟基底人工整平的方法以及基底承载力要求。

2）铺设足够厚度的碎石垫层。排水沟基底人工整平后铺设10cm厚级配碎石垫层。

3）关注高程变化。2017年6月10日—7月31日QC小组成员孙×负责对排水沟沟底高程变化进行跟踪测量，每3天进行一次测量并记录数据，及时发现问题并进行调整。

4）控制线形不顺。对因排水沟基槽不均匀沉降引起的线形不顺进行测量调查，并对线形进行控制调整。

对策实施后，QC小组成员对新的90个测点进行测量调查（表7-52）。

表7-52 控制基槽不均匀沉降实施结果调查表

土质基槽不均匀沉降	排水沟质量控制指标不合格点				分项累计频数（点）	不合格率
	直顺度	沟底高程	断面尺寸	轴线偏位		
第一次调查	10	11	1	3	25	6.9%
效果实施后调查	3	3	1	3	10	2.8%

制表：刘× 制表时间：2017年8月

实施一效果验证：通过对策实施后因土质基槽不均匀沉降引起的直顺度与沟底高程变化不合格点减少，合格率提高了4.1%，达到97.2%。

（2）实施二 提高模板安装质量。

1）严格控制模板的质量。

2）对现场施工人员进行技术交底，严格控制模板安装的精确度。对策实施后，QC小组成员对新的 90 个测点进行测量调查（表 7-53）。

表 7-53　提升模板安装质量实施结果调查表

模板安装不到位	排水沟质量控制指标不合格点				分项累计频数（点）	不合格率
	直顺度	沟底高程	断面尺寸	轴线偏位		
第一次调查	8	3	5	5	21	5.8%
效果实施后调查	4	2	1	0	7	1.9%

制表：刘×　　　　　　　　　　　　　　　　　　　　　　　　制表时间：2017 年 8 月

实施二效果验证：通过对策实施后因模板安装不到位引起的排水沟质量控制指标不合格点减少了 14 个，合格率提高了 3.9%，合格率达到 98.1%。

10. 效果检查

（1）效果检查　2017 年 8 月 1—2 日，QC 小组对第一阶段施工效果进行了检查，对直顺度、沟底高程、断面尺寸、轴线偏位各检查 90 个点，共 360 点。将第一次调查结果（表 7-54）与对策实施后调查结果（表 7-55）进行对比。

表 7-54　第一次调查结果

序号	影响因素	排水沟质量控制指标不合格点				分项累计频数（点）	累计频数（点）	累计百分比（%）
		直顺度	沟底高程	断面尺寸	轴线偏位			
1	土质基槽不均匀沉降	10	11	1	3	25	25	54.35
2	模板安装不到位	8	3	5	5	21	46	100
3	累计频数	18	14	6	8	46		

制表：刘×　　　　　　　　　　　　　　　　　　　　　　　　制表时间：2017 年 8 月

表 7-55　对策实施后调查结果

序号	影响因素	排水沟质量控制指标不合格点				分项累计频数（点）	累计频数（点）	累计百分比（%）
		直顺度	沟底高程	断面尺寸	轴线偏位			
1	土质基槽不均匀沉降	3	3	1	2	9	9	52.94
2	模板安装不到位	4	2	1	1	8	17	100
3	累计频数	7	5	2	3	17		

制表：刘×　　　　　　　　　　　　　　　　　　　　　　　　制表时间：2017 年 8 月

第一次调查不合格指标分布图如图 7-37 所示，对策实施后不合格指标分布图如图 7-40 所示。

（2）活动前后合格率与目标值的对比　QC 小组对活动前后合格率与目标合格率进行了对比，从活动前后合格率与目标值对比图（图 7-41）上可以看出，活动后合格率有较大提升，且活动后合格率超过了目标合格率，活动目标实现。

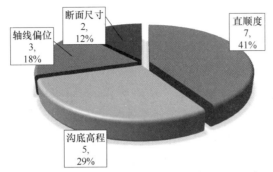

制图：刘×　　　　　　　　　制图时间：2017 年 8 月

图 7-40　对策实施后不合格指标分布图

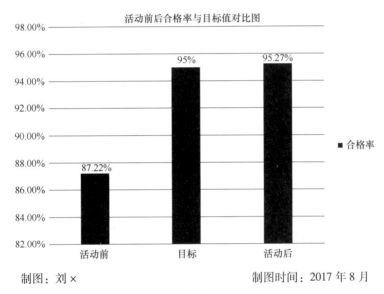

制图：刘×　　　　　　　　　制图时间：2017 年 8 月

图 7-41　活动前后合格率与目标值对比图

（3）社会效益

1）社会效益：该工程通过 QC 小组的工作，现场施工质量问题得到顺利的解决，保证了排水沟施工合格率，得到了业主、监理的各方好评，维护了公司的履约信誉。

2）经济效益：通过质量管理活动，排水沟施工合格率提高了 8.05%，减少了返工费用，QC 小组活动开展后未完成的排水沟数量共计 12336.5m，按照每米处理费用 140 元计算，相应地减少了处理费 13.903 万元（8.05%×12336.5×140）。

11. 巩固措施

为了巩固和推广已取得的 QC 小组活动成果，小组成员对本次活动中对策措施进行总结，并将有效措施编制成《提高路基工程排水沟施工合格率指导手册》，2017 年 9 月 9 日经指挥部批准在××高速新桥连接线项目内推广实施。

为掌握本次活动效果的持续性，2017 年 9 月 1 日—9 月 30 日小组成员对实施中的 5 个同类工程项目进行跟踪调查,根据实施的反馈情况,5个项目的排水沟施工合格率分别为96.5%,95.7%,97.4%,96.3%,97.5%,均高于活动目标,保持良好。

12. 总结和下一步打算

(1) 总结 通过本次 QC 小组活动,达到了 QC 小组制订的小组活动目标。锻炼了技术、工艺及施工队伍,提高了施工人员素质,增强了团队合作意识,树立了良好的企业形象和声誉,为以后完成更为优质高效的工程奠定了基础。

1) 专业技术总结:通过本次 QC 小组活动,小组成员对引起排水沟施工合格率的各种问题有了更全面的认识,在专业技术上对提高排水沟施工合格率有了更深的理解与应用,形成了一套完整的施工体系。

2) 管理技术总结:QC 小组在活动中强调运用质量管理的理论和方法开展活动,使管理工作具有严密的科学性及规范性。小组在活动中遵循科学的工作程序,步步深入地分析问题、解决问题,在活动中坚持用数据说话,用科学的方法解决问题,通过小组活动不断进行管理工具及管理方法的改进,管理水平不断得到了提高。通过不断改进和提高各环节管理工作质量,管理水平得到了全方位的提高,有效促进企业各方面管理工作的改进,从而改善企业管理,提高企业素质。

3) 小组成员综合素质总结:通过本次 QC 小组活动,参与人员素质得到了不同程度提高,组员们从质量意识、团队精神、个人能力、解决问题信心、质量管理知识、工作热情与干劲六个方面进行了自我评价,并画出雷达图(图 7-42)。表 7-56 是小组成员自我评价表。

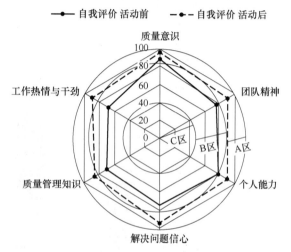

图 7-42 小组成员自我评价雷达图

表 7-56 小组成员自我评价表

项　　目	自 我 评 价	
	活动前	活动后
质量意识	82	95
团队精神	76	91
个人能力	79	90
解决问题信心	75	95
质量管理知识	71	86
工作热情与干劲	68	88

制表:刘×杰　　　　　　　　　　　　　　　　　制表时间:2017 年 9 月

(2) 下一步打算 质量管理活动的精神在于不断学习,在今后工作生活中,QC 小组依然会坚持不懈地开展质量管理知识学习，充分利用所学知识解决遇到的困难与问题，使质量管理管理在实际工作中发挥更大的作用，不断推动施工质量逐步提高。QC 小组决定将提高小方桩施工质量合格率作为下一次质量管理活动的课题。

13. 提高路基工程排水沟施工合格率成果综合评价

（1）总体评价　该课题为现场型。小组成员能够从现场实际出发，针对项目存在的路基工程排水沟施工合格率不高的问题入手开展 QC 小组活动，将路基工程排水沟施工合格率由活动前的 87.22% 提高至活动后的 95.27%，顺利实现了课题目标。成果基本遵循 PDCA 循环，现状清晰，找到了问题的症结，目标量化可检查，原因分析针对症结，逐项进行要因确认，对策表表头齐全，对策与要因相对应，实施过程图文并茂，活动效果较显著。成果应用了饼分图、调查表、关联图、柱状图、雷达图等常用统计工具。

（2）不足之处

1）程序方面。

① 工程概况中应将课题有关的内容进行简单阐述。

② 作为小组活动的真实记录，所有图（表）均应有三要素——图（表）名、制图（表）人、制图（表）日期。对于说明性不强的图片，应附相关文字性补充介绍。

③ 原因分析不够彻底，部分原因没有分析到可以直接采取对策的程度，如"意识不足""成品保护不到位""技能不熟练"等，都可以继续分析。

④ 末端因素收集确认有误，要因确认计划表中"技能不熟练"一项在原因分析时的关联图中并非末端因素，而是箭头有进有出的中间因素。

2）方法方面。建议增加统计工具的应用。

案例4　机场车行便桥施工方案的研究（创新型课题）

中国建筑××工程局有限公司××国际机场 QC 小组

1. 工程概况

本工程为××国际机场二期扩建项目 T2 航站楼及高架桥工程施工总承包工程，位于××省××市××镇，距××市中心直线距离约 32km。位于机场现有航站楼 T1 航站楼东侧，与机场进场路平行布置。T2 航站楼（图 7-43）建筑平面呈"人"字形布置，东西长约 650m，南北长约 400m，分为主楼和三个指廊组成，两层半式航站楼。总建筑面积：128111m^2，其中地上建筑面积：118154m^2，地下建筑面积：9957m^2。

现因该机场二期扩建工程场区内部施工需要，需要将现有 T1 桥梁部分拆除，建造临时便桥从机场 1#路连接至桥上，重新组织交通，要求桥宽 9m，保证车辆通行量，经查新无相关临时机场车行便桥做法。

图 7-43　机场效果图

2. 小组简介

××国际机场 QC 小组成立于 2016 年 4 月，共 10 人，由项目经理、项目总工、质量总监、责任工程师、深化设计部长、质量部长、责任工程师和工人组成，小组成员情况详见表 7-57。

表 7-57　QC 小组成员情况

课题名称			机场车行便桥施工方案的研究			
小组名称	××机场 QC 小组		成立时间	2016 年 4 月	课题类型	创新型
小组注册号	2017-QCXZ-033		注册日期	2016 年 4 月	课题注册号	2017-QCKT-011
活动频率	每周 1 次，每次 2 小时			活动时间	2017 年 4 月至 2017 年 7 月	
小组活动出勤率		100%		小组人数：	10 人	
小组平均年龄		30.7 岁		接受 QC 教育时间	30 学时	
序号	姓名	年龄	学历	组内职务	职务	技术职称	承担工作
1	陈×	35	本科	组长	项目经理	高级工程师	策划组织
2	王××	35	本科	副组长	项目总工	高级工程师	技术负责
3	安×	32	本科	副组长	质量总监	工程师	质量管理
4	张×	30	本科	组员	责任工程师	工程师	制订方案
5	周×	29	本科	组员	深化设计部长	工程师	制订方案
6	吴×	28	本科	组员	质量部长	工程师	现场实施
7	杨×	29	本科	组员	责任工程师	工程师	现场实施
8	王×	27	本科	组员	责任工程师	助理工程师	现场实施
9	郑×	30	本科	组员	责任工程师	助理工程师	资料整理
10	张××	38	高中	组员	工人	—	现场实施

制表人：王×　　　　　　　　　　　　　　　　　　　　制表日期：2017 年 4 月 3 日

3. 课题选择

（1）工程现状　为便于××国际机场二期扩建工程T2航站楼高架桥的建造、T2高架桥与T1高架桥的衔接，需要建设一座临时便桥，便桥位置如图7-44所示，待正式高架桥合拢后拆除临时便桥。

图7-44　便桥位置

（2）存在问题

1）该工程为临时工程，工期仅70天，竣工验收合格后立即投入使用，工程量大，施工场地贯穿机场停车场，不得影响机场运营。

2）桥头连接处须在T1现有高架桥处破除一道豁口，拆除防撞墙，恢复难度大，且不允许破坏车行步道下方结构。

（3）选题理由

1）传统便桥一般采用混凝土结构施工，施工周期长，施工场地较大。

2）设计荷载远超过实际使用荷载，存在材料浪费现象，后续拆除工作量较大，材料不可周转使用。基于以上分析，为加快施工的进度，减少后续拆除便桥的时间，减小对机场停车场的影响，QC小组确定本次创新型质量管理活动的课题为：机场车行便桥施工方案的研究。

4. 目标设定及可行性分析

QC小组根据上述分析，经小组成员共同研究讨论，将本次创新型质量管理活动的目标确定为：

（1）总目标　研究一种机场车行便桥的施工方案。

（2）量化目标　根据总目标，QC小组制订了3个量化目标：

1）在保证安全通行和车流量的前提下，将用钢量控制在900t以下，提前三天完成施工任务。

2）施工现场减少搭设胎架，减少焊接量，减小每次提升的重量，降低施工危险性。

3）研制一种临时桥和桥梁衔接时人行步道的保护装置。

（3）目标可行性分析

1）人员组织：QC小组成员结构包括项目经理、项目总工、生产经理、具体负责实施的施工、技术及专业人员,小组成员现场经验丰富,综合素质高,分工合理。

2)机械组织:该单位在××市拥有丰富的钢结构加工厂资源,加工设备齐全,加工人员经验丰富,在加工能力能够满足施工需求。

3)资金组织:本次质量管理活动得到各级领导重视,给予大理支持,技术资金投入充足。

4)技术创新:初步预计用钢量为1000t,经过小组成员的共同努力,通过优化施工方案、施工工艺,降低10%的使用量是可以实现的。

从以上4个方面得出,小组有信心实现本次质量管理活动研究课题目标。

5. 提出方案并确定最佳方案

(1)提出方案 小组通过头脑风暴法,突破传统思维,积极创新探索,并结合本工程实际,归纳提出了3种创新设计方案,具体如下:

方案一:主要采用贝雷梁作为主要受力构件,需要材料进场后在现场内搭设胎架,组装成型后吊装提升,最终实现桥面施工(图7-45)。

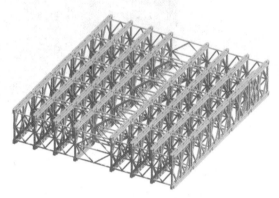

图7-45 贝雷梁方案

方案二:主要采用型钢分配梁作为主要受力构件,在材料进场后,也需要在现场内搭设胎架,焊接成型后吊装提升,最终实现桥面施工(图7-46)。

方案三:采用加工厂预拼装的方式,将型钢分配梁在工厂内加工成拼装单元,运输到现场后,直接吊装至钢管柱顶部,最终实现桥面施工(图7-47)。

图7-46 型钢分配梁方案

图7-47 拼装单元吊装成型

(2)方案对比

1)对比一:技术可行性对比见表7-58。

表 7-58 技术可行性

方案一	1. 基础采用直径 600mm 壁厚 10mm 钢管桩入土 12m，桩顶采用工字钢作为桩顶主梁 2. 相邻两排钢管桩型钢主梁焊接完成后，安装成品的贝雷梁 3. 桥面钢板吊装至贝雷片，焊接完成后形成最后的桥面板
方案二	1. 基础采用直径 600mm 壁厚 10mm 钢管桩入土 12m，桩顶采用型钢作为桩顶主梁 2. 相邻两排钢管桩型钢主梁焊接完成后布置胎架，在桥面正下方组拼焊接桥面 3. 整体吊装桥面，与桩顶主梁焊接成整体
方案三	1. 基础采用直径 600mm 壁厚 10mm 钢管桩入土 12m，桩顶采用型钢作为桩顶主梁 2. 将每一跨桥面均分为三个相同的单元加工厂内焊接完成使用板车运输至现场 3. 分三次吊装至桩顶主梁，最后将桥面板焊接形成整体
总结	三种方案均可行，方案一、方案二施工工序多，工作量大，现场需要较大的施工场地；方案二、方案三最终的效果相同；方案二现场焊接量大，需要工人数量多

制表：王× 审核：王×× 时间：2017 年 4 月 30 日

2) 对比二：经济合理性对比见表 7-59。

表 7-59 经济合理性

方案一	采用贝雷梁作为主梁，用钢量约 1100t
方案二	采用 HM600 型钢作为主梁，用钢量约 800t
方案三	
总结	方案一经济投入大；方案二、方案三用钢量相同，投入合理

制表：郑× 审核：王×× 时间：2017 年 4 月 30 日

3) 对比三：现场操作性对比见表 7-60。

表 7-60 现场操作性

方案一	贝雷梁和桥面钢板均需要零散拼装，焊接量大，无须提升
方案二	需要布置胎架，整体组拼后提升，一次提升重量较大
方案三	无须现场组拼，只需现场吊装和焊接面板
总结	方案一、方案二现场焊接量大，方案二提升重量较大，危险性较大；方案三现场焊接量较少，提升重量较为合理

制表：周× 审核：王×× 时间：2017 年 4 月 30 日

4) 对比四：安全性对比见表 7-61。

表 7-61 安全性

方案一	贝雷梁和桥面钢板均需要零散吊装，吊装次数多，配合人员数量多，存在多处高处作业和物体打击的风险
方案二	需要布置胎架，整体组拼后提升，提升需要在钢管桩顶部布置提升器，每次提升约 40t，提升重量大，桥面找坡 4%，两端提升不在同一标高，提升过程静荷载变为动荷载，钢管桩存在倾覆的风险
方案三	分三次提升，每一次提升重量约 15t，只需 2~3 人配合挂钩，在中间两根钢管桩设置操作平台，避免了高处作业的风险

(续)

总结	方案一吊装次数多，高处作业和物体打击风险较高；方案二每次提升重量较大，存在荷载瞬间过大的风险；方案三每次提升重量均匀合理，使用操作平台避免了高处作业，安全可靠		
制表：张×	审核：王××	时间：2017年4月30日

（3）最佳方案确定　最佳方案确定见表7-62。

表7-62　最佳方案确定

方　案	技术可行性 （20分）	经济合理性 （30分）	现场操作性 （30分）	绿色施工 （20分）	综合得分 （100分）
方案一	20	15	20	20	75
方案二	20	30	15	20	85
方案三	20	30	25	20	95
制表：王×		审核：王××		时间：2017年5月2日

根据以上现场测量、试验和调查分析，QC小组把"主梁采用型钢分配梁，加工厂组成拼装单元，运至现场，逐次提升，焊接成型"确定为最佳初选方案。

（4）初选方案的进一步分解细化、对比和选择

1）方案归纳亲和图如图7-48所示。

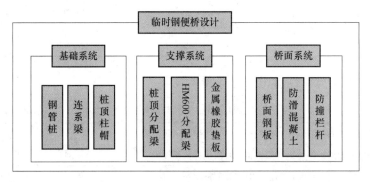

制图人：周×　　　　　　　　制图日期：2017年5月4日

图7-48　方案归纳亲和图

2）系统各组成构件选择。小组成员通过头脑风暴法对方案3大系统的各个组成部分进行分解和最佳方案比选（表7-63）。

表7-63　最佳方案比选

系　统		序号	项　目	方案分析	制作时间	方案比较	确定方案
系统名称	子系统名称						
基础系统	钢管桩	方案一	3根直径800mm 壁厚8mm	施工过程中易造成管桩变形	厂家购买	方案二与方案一相比，管桩变形较小，基础受力较好	
		方案二	4根直径600mm 壁厚10mm	施工过程中管桩变形较小	厂家购买		√

（续）

系统		序号	项目	方案分析	制作时间	方案比较	确定方案
系统名称	子系统名称						
基础系统	连系梁	方案一	采用[14b和[20b	[20b做主连系梁，[14b做"十"字加劲	厂家购买，现场切割焊接	/	√
	桩顶柱帽	方案一	钢管桩做切口，工字钢通过楔铁和连接片与钢管桩焊接	钢管桩施工过程对桩顶造成损伤，切除后方可切口	0.5d/根/人，共8d	方案二与方案一相比，节约管桩原材，现场工总量较少，施工时间大大减少	
		方案二	桩顶加一钢板，钢管桩切豁口，通过加劲钢板焊接	钢管桩施工过程对桩顶造成损伤，切除后做豁口与顶部钢板通过加劲板焊接	工厂加工，现场补焊。0.1d/根/人，共1.6d		√
支撑系统	桩顶分配梁	方案一	2根工字钢，通过钢板焊接	2根工字钢，通过连接钢板焊接	工厂加工，现场与钢管桩顶钢板焊接	/	√
	HM600分配梁	方案一	间距750mm通过加劲隔板相连	现场只需补焊两条面板和加劲隔板	工厂加工，现场补焊	/	√
	金属、橡胶垫板	方案一	"L"形金属垫板，起到支撑和限位作用，橡胶避免分配梁之间的摩擦	刚性支座转为弹性支座	工厂加工，现场补焊	/	√
桥面系统	桥面板	方案一	12mm厚钢板	与分配梁和加劲隔板组合，挠度满足行车安全性和适用性要求	厂家购买	/	√
	防滑混凝土	方案一	C40防水混凝土，内置C8钢筋网片和3.5mm栓钉	冬季使用防滑，内置钢筋网片和栓钉防治开裂	栓钉与桥面板工厂加工成一体，钢筋网片采用成品，混凝土现浇	/	√
	防撞栏杆	方案一	水平杆采用100mm×100mm×3mm方钢，间距500mm，立杆间距1500mm	为保证使用过程中的安全性设置防撞栏杆，美观整洁	工厂加工，现场组拼，整体涂装	/	√

制表：杨×   审核：王××   时间：2017年5月8日

6. 制订对策

（1）对策分解　为制订切实可行的对策，小组成员首先对实现方案的各个环节进行了分解、细化（图7-49）。

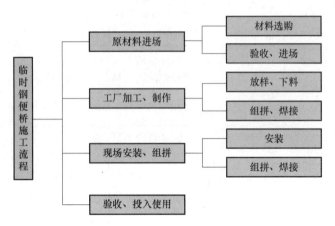

制图人：王×　　　　　　制图时间：2017年5月12日

图7-49　实现方案分解、细化

（2）制订对策表　QC小组根据最佳方案的分解结果，针对施工的各个环节，按"5W1H"的方式制订具体对策措施表（表7-64），设置了可量化考核的目标及可行的措施。

表7-64　对策措施表

序号	方案	对策	目标	措施	地点	时间	责任人
1	原材料进场	选择符合要求的原材料，优先考虑运距近、单价合理的供应商	严格执行规范要求验收原材料质量，要求合格率达到100%	选择5家周边的供应商，比对材料质量、加工能力；使用游标卡尺检测钢板厚度	原材料厂家加工厂	2017年5月20日	张×
2	工厂加工、制作	按照规范要求加工，严格控制每道工序的质量，做好工序交接	加工完成后进行现场检查，探伤检测，要求一级焊缝达到100%	选择工作时间长、经验丰富的施工班组，样板引路，严格检测角焊缝和对接焊缝的质量，保证一次合格	加工厂	2017年5月28日	黄×
3	现场安装、组拼	按照加工厂加工的尺寸和允许偏差范围事先放线定位，焊接过程中保证施工质量	水平、垂直度允许偏差不大于3mm	使用全站仪精确定位管桩顶标高和中间桥面的位置，严格控制水平位置和桥面坡度	现场	2017年6月10日	张×
4	验收、投入使用	组织专门的验收小组，做到预验收、整改、验收、投入使用	工期为67天	提前5天组织预验收，若有需整改的问题提前整改，确保2017年6月30日交工使用	现场	2017年6月25日	周×

制表人：王×　　　　　　　　　　　　　　　制表时间：2017年5月14日

7. 对策实施

小组成员根据对策表逐一组织实施，实施情况记录见表7-65～表7-72。

表7-65 实施一：原材料进场

实施时间	2017年5月20日	实施地点	加工厂	负责人	张×
检验标准	1. 本工程所用钢材为Q345D，所有钢材均为焊接结构用钢，均应按照规范要求的标准进行拉伸试验、弯曲试验、V形缺口冲击试验、z向性能和低温脆性试验，还应满足可焊性要求 2. 厚度负偏差限定为 -0.3mm。钢板的局部平整度：在1000mm范围内，允许误差为1.0mm 3. 厚度方向性能钢板应逐张进行超声波检验，检验方法按照《厚钢板超声检测方法》（GB/T 2970—2016）的规定					
实施过程	1. 钢管桩进场测量其外径和管桩壁厚。管桩壁厚最大处偏差0.25mm，不大于0.3mm，符合规范要求；管桩外径最大偏差1.8mm，不大于2.0mm，符合规范要求 2. 钢板和工字钢进场测量其厚度，采用游标卡尺测量桥面板和其他构件钢板厚度，桥面板厚度最大偏差0.22mm，HM600型钢翼缘板厚度最大偏差0.26mm，HM600型钢腹板厚度最大偏差0.20mm，均满足规范要求。钢管、钢板及工字钢测量值超差表7-66，钢管桩原材和钢板原材取样如图7-50所示 3. 严格比对进场材料的数量和合格证是否相符，进场立即取样做复试，复试报告合格率达到100% 4. 钢管桩使用13m挂车运输至施工现场，每车每次运输12根，共计7次全部进场，钢管桩的堆放不得多于两层。钢管桩卸料和堆放如图7-51所示					

表7-66 钢管、钢板及工字钢测量值超差

名称	测量值超差/mm								最大偏差/mm
钢管桩外径	1.2	0.6	1.0	0.4	1.8	0.9	0.6	1.1	1.8
钢管桩壁厚	0.11	0.23	0.25	0.2	0.15	0.08	0.12	0.14	0.25
工字钢厚度	0.2	0.26	0.13	0.14	0.16	0.22	0.25	0.21	0.26
钢板厚度	0.1	0.08	0.03	0.15	0.13	0.21	0.22	0.20	0.22

图7-50 钢管桩原材和钢板原材取样

图7-51 钢管桩卸料和堆放

表 7-67　实施二：工厂加工、制作

实施时间	2017 年 5 月 28 日	实施地点	加工厂	负责人	黄 ×
检验标准	轮锯适用于锯切薄壁型钢，如方管、圆管、Z 形和 C 形断面的薄壁型钢等，切口光滑，毛刺较薄，容易消除。当材料厚度较薄（1~3mm）时，剪切效率很高；当材料厚度超过 4mm 时，效率降低，砂轮片损耗大，经济上不合算。砂轮锯下料时，工作物常固定在锯片的一面，另一面是自由的，由于侧向抗力会使切口倾斜，因此当手动进给压力较大时，倾斜可达 2~3mm。零件切割要求见表 7-68				
实施过程	1. 构件加工前使用 revit 软件进行建模，在加工中控制误差，在施工中控制安装精度。钢便桥 Tekla 建模如图 7-52 所示。 2. 各道工序施工前做到样板引路、方案先行，严格执行"三检制"。 3. 构件除锈采用抛丸机，根据进场的钢材实际情况调整机器，完成后检查合格率达到 100%。抛丸机和除锈后钢板效果如图 7-53 所示。 4. 对加工完成的构件焊缝质量和表观质量进行抽查，未出现相关质量问题。钢管桩和桥面与分配梁焊缝如图 7-54 所示。 5. 加工时考虑现场吊装，在桥面焊接 3cm 厚的吊耳，以便于现场的吊装。桥面工厂拼装和翻转如图 7-55 所示。				

表 7-68　零件切割要求

零件宽度、长度	±3.0
切割面平面度	0.05t，且不大于 2.0
割纹深度	0.3
局部缺口深度	1.0

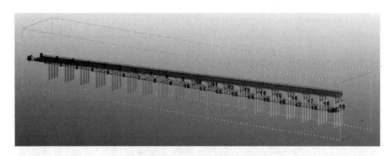

图 7-52　钢便桥 Tekla 建模

图 7-53　抛丸机和除锈后钢板效果

图 7-54　钢管桩和桥面与分配梁焊缝

图 7-55　桥面工厂拼装和翻转

表 7-69　实施三：现场安装、组拼

实施时间	2017 年 6 月 10 日	实施地点	现场	负责人	张 ×
检验标准	检验项目与允许偏差见表 7-69					
实施过程	1. 采用全站仪控制钢管桩的垂直度和标高，完成后进行抽查，实测合格率达到 93%。钢管桩的垂直度和标高抽查结果见表 7-70，钢管桩垂直度的控制和成型后效果如图 7-56 所示 2. 同一跨桥面吊装按照"先中间后两边"的顺序施工，保证中间桥面的中线顺直。桥面吊装"先中间后两边"施工顺序如图 7-57 所示 3. 钢管桩施工完成后，开始对其进行全数检测，设计承载力 860MPa，现场检测数值最小为 960MPa，最大为 1020MPa，均满足设计要求。钢管桩压桩和承载力检测如图 7-58 所示 4. 按照设计要求，对基础（钢管桩）进行 100% 焊缝检测，均满足一级焊缝的要求。钢管桩焊缝检测如图 7-59 所示				

表 7-70　检验项目与允许偏差

序　号	项　目	允　许　偏　差
1	未焊满	≤0.2+0.02t，每 100mm 长度焊缝内未焊满累计长度 <25mm
2	根部收缩	≤0.2+0.02t 且 ≤1mm
3	咬边	≤0.05t 且 ≤0.5m，连续长度 ≤100mm，且 ≤焊缝全长
4	裂纹	不允许
5	电弧擦伤	不允许
6	接头不良	不允许
7	表面气孔	不允许
8	表面夹渣	不允许

表 7-71　钢管桩的垂直度和标高抽查结果

名称	测量值超差/mm								合格率
垂直度	3	3	2	2	1	6	2	1	93.75%
标高	3	6	6	4	5	8	9	7	

图 7-56　钢管桩垂直度的控制和成型后效果

图 7-57　桥面吊装"先中间后两边"施工顺序

图 7-58　钢管桩压桩和承载力检测

图 7-59　钢管桩焊缝检测

表 7-72 实施四：验收、投入使用

实施时间	2017 年 6 月 25 日	实施地点	现场	负责人	周×
检验标准	1. 桥梁设计找坡 4% 2. 路面混凝土粗糙度检测 3. 标识、标牌按照市政桥标志标识满足道路相关要求					
实施过程	1. 提前成立专门的验收小组；比合同时间提前 5 天预验收，避免了场地和天气对工期造成的延误 2. 实测桥梁终点和桥梁起点标高差与桥长之比为 4.001%，满足设计要求 3. 路面混凝土粗糙度检测，纹理差值 0.8mm，满足桥面系防滑使用 4. 标识、标牌按照市政桥标志标识设置，与机场 1#和 T1 高架桥共同组成了便桥道路桥梁交通系，满足道路相关要求。钢便桥验收小组意见和成型后的钢便桥如图 7-60 所示					

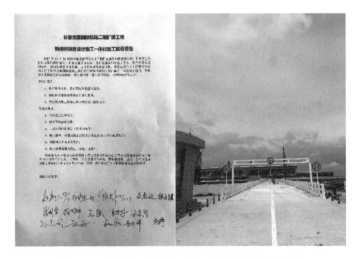

图 7-60 钢便桥验收小组意见和成型后的钢便桥

8. 效果检查

（1）目标效果 龙嘉机场车行便桥采用"加工厂组成拼装单元，运至现场，逐次提升，焊接成型"的方式，按期安装完成，在施工过程中，小组成员采用钢板、橡胶垫等材料研制了一种保护高架桥人行步道的施工措施，申请实用新型专利一项。

截至 2017 年 6 月 25 日，便桥基础、桥面全部安全、顺利完工，施工无意外情况出现，提前五天完成验收，实际用钢量 765t，小于课题目标值 900t（图 7-61），同时节省了大量机械施工台班及胎架使用量，证明本次质量管理活动取得了成功，便桥完成照片如图 7-62 所示。

（2）经济效果 本次课题活动中，预计使用的钢结构用量为 1000t，实际使用量为 756t，经计算节省的人工费、措施费等共计产生直接经济效益 172 万元，扣除开展 QC 活动增加的费用 5 万元，合计节约成本 167 万元（经济效益计算及证明材料略）。

（3）社会效益 经过 QC 小组成员及项目部其他员工的共同努力，该机场车行便桥于 2017 年 4 月 15 日开工，2017 年 6 月 25 日全部施工完成，并顺利通过验收，正式投入使用，

工程数量表

材料	项目	单位	上部结构	下部结构					附属结构						合计
			主梁	桥墩分配梁	桥墩柱头	桥墩连接系	钢管桩	桥台	桥台预埋件	桥面系	栏杆	引缝	进路	伸缩缝	桥台搭板	
	4cm沥青混凝土AC-13	m³										11.70				11.70
	6cm沥青混凝土AC-16											17.60				17.60
	20cm水泥稳定砂砾(水泥含量5%)													30.72		30.72
	20cm水泥稳定砂砾(水泥含量4%)													30.72		30.72
	粘层乳化沥青											292.60				292.60
混凝土	C40	m³						151.60								151.60
	C20							3.26								3.26
	C30							49.52					11.29		13.95		74.76
钢筋	φ13焊钉	套							17056							17056
	CRB550焊接钢筋网	kg							14971.60							14971.60
	HRB400	kg					3704.51	11.6				1085.35		2322.63		7124.09
钢材	Q345钢材	t	302.97	39.61	11.44	9.86	154.08		0.06	163.30	83.22					765.90
其他	砂砾	m³								382.97						382.97
	MU40浆砌块石	m³										90.05				90.05
	M10砂浆	m³										8.89				8.89
	挖方	m³						122.98		441.31						564.29
	简易伸缩缝													185.0		185.0

图 7-61 钢结构用量统计表

受到业主、监理等单位的一致赞许，同时提高了企业的信誉，展示了企业的技术创新水平，树立了良好的社会形象。

9. 标准化

为进一步推广应用 QC 小组活动成果，小组成员对本次活动中对策实施进行总结，并召集全体成员共同编制了《机场车行便桥施工技术方案》，准备在全公司范围内进行推广，并对施工设计图进行了收集整理和归档。

图 7-62 便桥完成照片

10. 总结及下一步打算

（1）组活动总结

1）专业技术方面：通过本次 QC 小组活动，提出了一套机场车行便桥施工的方案及施工方法，在场地狭小、作业面窄的环境下，顺利完成了施工任务，小组成员通过活动，对钢结构桥梁的施工过程有了更加全面的了解，在解决问题的过程中，进一步加强了自己的专业技术知识方面的学习，对于今后从事的各方面工作有很大的启发和提高。

2）管理方法方面：本小组活动严格按照 PDCA 循环程序进行，解决问题过程中思路清晰，环环相扣，有较为严密的逻辑性。坚持以事实为依据，用数据说话，为成果中相关程序提供佐证。通过活动，小组成员能够较为全面地掌握 QC 知识，在工具的选择及使用方面也有了较为明显的提高。

3）小组特色及不足：××国际机场 QC 小组是一个非常年轻的小组，小组成员创新能力很强，头脑灵活，具有年轻人的冲劲，在活动中也发现了很多不足之处，例如现场施工经验不足，规范要求掌握不全等，在以后的活动教育中将继续加强。

4）小组综合素质方面：通过 QC 小组活动，使项目团队精神和管理水平得到提高，施工管理更加系统化、数据化和科学化,增强了项目管理的内涵,针对本次 QC 小组活动,对小组全体成员综合素质进行了自我评价。表 7-73 是小组成员综合素质自我评价表,图 7-63 是小组综合素质雷达图。

表 7-73　小组成员综合素质自我评价表

序　号	评价内容	活　动　前	活　动　后
1	质量意识	7	9
2	团队精神	6	8
3	QC 方法运用	6	8
4	解决问题的信心	7	10
5	个人能力	7	8

制表人:黄× 　　　　　　　　　　　　　　制表日期:2017 年 7 月 3 日

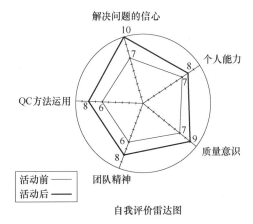

自我评价雷达图

制图人:黄× 　　制图日期:2017 年 7 月 3 日

图 7-63　雷达图

(2) 下一步打算　在接下来的工作中,QC 小组将继续探索前进的道路,继续把 QC 知识贯穿到施工生产过程中,提高施工管理水平和工程质量,创建精品工程,树立企业良好的形象。

由于该机场项目金属屋面采用 PVDF600 板型,属于国内首次应用,质量控制方面属于空白阶段,小组下一道课题题目拟为提高金属屋面一次验收合格率。

11. 《机场车行便桥施工方案的研究》成果综合评价

(1) 总体评价　该课题为创新型。

(2) 不足之处

1) 程序方面。

① 课题宜小不宜大,应选择小组力所能及且自己动手能够在短时间内解决的课题,而本课题"机场车行便桥施工方案的研究"过大,且不符合创新型课题的要求。

② 无借鉴查新过程的描述，且创新的必要性和迫切性不充分。

③ 目标设定过多，且三个目标仅有一个目标量化。目标可行性分析缺乏相关的数据和事实进行定量分析和判断。

2）方法方面。

① 目标设定建议使用柱状图来直观表示。

② 亲和图绘制不规范，应为矩形框，且需标记项目，以清晰地显示出各类间相互关系。

参 考 文 献

[1] 中国质量协会. 质量管理小组理论与方法［M］. 北京：中国质检出版社，2013.
[2] 中国质量协会. 质量管理小组基础知识［M］. 北京：中国标准出版社，2011.
[3] 全国统计方法应用标准化技术委员会. 常规控制图：GB/T 4091—2001［S］. 北京：中国标准出版社，2001.
[4] 全国质量管理和质量保证标准化技术委员会. 质量管理体系 基础和术语：GB/T 19000—2016［S］. 北京：中国标准出版社，2016.
[5] 吕青，陈秀云. QC 小组活动 ABC［M］. 北京：中国计量出版社，2010.
[6] 中国建筑业协会工程建设质量管理分会. 工程建设 QC 小组基础教材［M］. 北京：中国建筑工业出版社，2010.
[7] 朱兰，德费欧. 朱兰质量手册. 第 6 版［M］. 焦叔斌，苏强，杨坤，等，译. 北京：中国人民大学出版社，2014.
[8] 中华人民共和国住房和城乡建设部. 工程网络计划技术规程：JGJ/T 121—2015［S］. 北京：中国建筑工业出版社，2015.
[9] 中国质量协会. QC 小组基础教材［M］. 2 版. 北京：中国社会出版社，2005.